Universitätsbibliothek Salzburg
herausgegeben von Ursula Schachl-Raber
uni bibliothek [2]

Christoph Brandhuber
AUS SALZBURGS HOHER SCHULE GEPLAUDERT
Hundert Mini-Traktate unter einen Hut gebracht

Mit Fotografien von Hubert Auer

müry salzmann

ÜBER DIESES BUCH

DER BRÜCKENSCHLAG zwischen Vergangenheit und Gegenwart der Alma Mater sowie zwischen Universitätsangehörigen, Studierenden und der interessierten Allgemeinheit ist mir als Leiterin der Universitätsbibliothek Salzburg ein großes Anliegen. Der zweite Band der Reihe uni:bibliothek leistet dies in besonderer Weise: Wahre Kleinodien aus unserem Schatz werden zum Teil erstmalig gezeigt und fügen sich so zu einer außergewöhnlichen Salisburgensie. Kommen Sie mit auf eine spannende wie unterhaltsame Zeitreise durch fast 400 Jahre Salzburger Universitätsgeschichte!
Ursula Schachl-Raber

DAS JAHR 2012 gab der Universität Salzburg Anlass, ein Jubiläumsjahr zu feiern: 50 Jahre seit der Wiedergründung der Universität 1962 und 390 Jahre seit der Gründung durch Fürsterzbischof Paris Lodron im Jahr 1622. Als im Spätherbst 2011 die Beiträge der Universitätsbibliothek zum Jubiläumsjahr 2012 entwickelt wurden, hatte Susanna Graggaber die Idee, die Universitätsgeschichte in den Fenstern zur Hofstallgasse in Form eines rund um die Uhr begehbaren „Jubiläumspfads" zu präsentieren: in vier Zyklen eine lange Geschichte in kurzen Worten, informativ, pointiert und vergnüglich zugleich. Als Archivar der Universität machte ich mich auf die Suche, durchforstete in etlichen Archiven eine Vielzahl von Quellen, um interessante und amüsante Geschichten über Rektoren, Professoren, Studenten, über deren soziales Umfeld sowie über Wissenschaften und Künste an der Universität in Geschichte und Gegenwart aufzuspüren und in rund 900 Zeichen auf den Punkt zu bringen.

Es war nicht immer leicht, manch liebgewonnenes Detail aus der Universitätsgeschichte in der gebotenen Kürze treffend und verständlich zu formulieren. Von Anfang an hat Irmgard Lahner dazu beigetragen zu präzisieren, die Lesbarkeit der Texte zu verbessern und den Sprachrhythmus mitzuentwickeln. Aus vielen Mosaiksteinen entstand ein Gesamtbild der Universität im Wandel der Zeit, das besonders die starke Präsenz der Bildungsinstitution in Stadt und Land verdeutlichen will. Denn die Universität wirkt bis heute täglich in die Lebensbereiche Tausender hinein, indem sie Wissen vermittelt, zu Forschung und Lehre befähigt, Karriere ermöglicht, Familien ernährt und Unterhaltung bietet.

Der Blick in die Vergangenheit beweist, viele Ideen heutiger Bildungspolitik wurden schon vor Jahrhunderten diskutiert und ausprobiert: sozial gestaffelte Studiengebühren, verbale Beurteilung, aktives

Sponsoring – alles schon da gewesen. Doch um diese Spuren sichtbar zu machen, um der Vergangenheit und ihren Akteuren Gestalt zu geben, braucht es Bilder. Dies stellte den Fotografen Hubert Auer vom Fachbereich Kunst-Musik- und Tanzwissenschaft und mich vor große Herausforderungen: Nicht nur Bauwerke, sondern eine Institution, nicht bloß Repräsentation, sondern auch Innovation, nicht den Höhepunkt, sondern den Beginn einer Karriere galt es zu illustrieren – die Geschichte junger Menschen in einer kurzen, aber für sie prägenden Zeit.

Aufgrund der einmaligen Verfassung der Benediktineruniversität und der Rückkehr vieler Professoren in ihre Heimatklöster sind manche Zeugnisse der Universitätsgeschichte weithin verstreut. Unser Dank gebührt daher den vielen klerikalen Einrichtungen, die uns Tür und Tor geöffnet und Zugang zu den Objekten ermöglicht haben, aber auch den Privathaushalten, die nach dem ersten „Schock" über Größe und Umfang der Fotoausrüstung ihre Wohnzimmer doch noch in „Studios" umbauen ließen.

Ist schon die Universitätsgeschichte im Wandel der Zeiten mit Gründung, Auflösung und Wiedergründung abenteuerlich, ihre Dokumentation ist es allemal: Hoch hinaus ging es mit Kameras, Objektiven, Stativen und Scheinwerfern auf das Gerüst in der eben restaurierten Universitätskirche, um in schwindelerregender Höhe über gähnendem Abgrund spektakuläre Fotos der Altarbilder einzufangen. Bei sengender Julihitze wollte die Sternwarte von Kremsmünster erklommen werden, Muskelkraft war beim schweißtreibenden Stemmen der Universitätszepter gefragt. Nicht selten mussten die Motive vom Staub und Moder der Jahrhunderte befreit werden, wobei das „Zähneputzen" der Totenkopfziegel in der Eislsberg-Gruft zu den ganz besonderen Erlebnissen zählt. Nichts wurde dem Zufall überlassen, alles sollte ins rechte Licht gerückt werden: Die Schatten müssen an den Wänden tanzen! Freilich blieben wir nicht frei von Pannen, und so viel sei verraten: Ein durchgebrannter Scheinwerfer legte mit lautem Knall gar ein bekanntes Wallfahrtszentrum lahm...

Kein Weg war zu weit, keine Mühe zu groß! Umso mehr freut uns die positive Resonanz, die der Jubiläumspfad von Anfang an fand und der Wunsch nach einer gebundenen Publikation. Diesem Verlangen kommen wir mit dem vorliegenden Buch gerne nach.

Christoph Brandhuber
Salzburg, im Festspielsommer 2012

UNIVERSITÄTS
GESCHICHTEN

Rechtsstudenten in Bologna, aus: Guido de Baysio, Rosarium decretorum, Deckfarbenmalerei auf Pergament, Bologna, 2. Hälfte des 14. Jahrhunderts, UBS

SALZBURG IST ANDERS Die ältesten Universitäten Europas entstehen ab dem 11. Jahrhundert aus dem Zusammenschluss mehrerer Schulen wie in Bologna oder Paris. Im Spätmittelalter wird eine zweite Gruppe von Universitäten – so in Prag und Wien – gegründet, diesmal von Landesfürsten. Nach dem Konzil von Trient (1545-1563) soll eine dritte Gründungswelle von Universitäten – ihr ist Salzburg zuzurechnen – Basis der Gegenreformation werden. Neben der Finanzierung ist bei der Gründung einer Universität die größte Schwierigkeit, den geeigneten wissenschaftlichen Nachwuchs sicherzustellen. Im Barockzeitalter kann diese wichtige Voraussetzung nur ein Orden erfüllen: Die Jesuiten übernehmen als klassischer Schulorden im österreichischen und süddeutschen Raum die Ausbildung. Doch in Salzburg wird ein anderer Weg eingeschlagen.

Maarten de Vos (1532-1603), Vorlage, Peter Overradt (tätig 1. Hälfte des 17. Jahrhunderts), Drucker, Fürsterzbischof Wolf Dietrich von Raitenau (1559-1617), nach 1594, Kupferstich, UBS

UNTERRICHT BEI DEN FRANZISKANERN Kurz nach seinem Herrschaftsantritt versucht Erzbischof Wolf Dietrich von Raitenau, in seiner Hauptstadt eine Hohe Schule zu errichten. Er bittet die Franziskaner, den Unterricht zu übernehmen. Doch ihre Schule gerät „gar bald in's Stocken", da der Orden „die Stätigkeit des Aufenthalts" nicht erlaubt und die in Salzburg lehrenden Brüder an andere Orte schickt.

Der einzige öffentliche Unterricht, den die Franziskaner beibehalten, ist die Unterweisung der Schuljugend in der Christenlehre an Sonn- und Feiertagen in der Franziskanerkirche. Um ihren fleißigen Schülern auf dem „Fasching Markht" und zur „Ruperti Duld" eine Belohnung kaufen zu können, bitten sie bei Hof und Stadtrat um Almosen. Für die wissenschaftliche Ausbildung der jungen Brüder gründen sie ein privates Hausstudium, in dem Theologie nach dem Franziskaner Johannes Duns Scotus gelehrt wird.

Der Kapuzinerpater P. Sylverius Meusburger (1582–1638), Öl auf Leinwand, Salzburg, Kapuzinerkloster, Refektorium

DIE RETTENDE IDEE Entschlossen nimmt der Nachfolger Wolf Dietrichs, Marcus Sitticus Graf von Hohenems (reg. 1612-1619), die gescheiterten Universitätspläne seines Vorgängers wieder auf. Er verhandelt mit Franziskanern, Augustinern und Jesuiten – vergeblich: „Der Fürst, der vielen Ablehnungen schon müde und in seinem Entschluss schwankend geworden", wendet sich an seinen vertrauten Ratgeber, den für die Dramaturgie seiner Predigten gefeierten Kapuziner Sylverius Meusburger, und fragt ihn, „ob er noch irgendwelche Türen wüsste, an die er ohne Zurückweisung klopfen möchte." In der „Historia Salisburgensis" der Brüder Mezger ist die Antwort des Predigers überliefert: „In der Tat, hochwürdigster Fürst, gibt es auch jetzt noch solche Tore; mag auch an sie als letzte geklopft werden, so hätten sie sich vielleicht doch als erste aufgetan." Und er rät Marcus Sitticus, das Gespräch mit den Benediktinern von St. Peter zu suchen.

Fürsterzbischof Marcus Sitticus Graf von Hohenems (1575-1619), Öl auf Leinwand, Salzburg, Altes Studiengebäude, Stuba Academica

TOUR DE CHARME Fürsterzbischof Marcus Sitticus gelingt es, den Abt von St. Peter für die Gründung einer Hohen Schule in Salzburg zu begeistern. Auf einer Werbereise gewinnt der Abt weitere Benediktinerklöster für das Projekt. Sie schließen sich zu einer Kongregation zusammen, die bald 60 Klöster in Österreich, Deutschland und der Schweiz umfassen wird. Erste Benediktinerprofessoren werden nach Salzburg geschickt, doch sie fürchten den Argwohn der sonst das Universitätsleben dominierenden Jesuiten. Ihr Reisebericht liest sich wie ein Krimi: „In München haben Häscher die Reisegesellschaft erspäht, in Ebersberg sind die Professoren nur durch ein Täuschungsmanöver entkommen, und erst in Wasserburg haben sie Ruhe vor den Nachstellungen gehabt." Der Grundstein zum Studiengebäude wird 1618 mit dem Bau des Sacellums gelegt, Architekt ist der Dombaumeister Santino Solari.

Herzkapsel von Paris Graf Lodron, 1653, Salzburg, Kapuzinerkloster
Der Universitätsgründer ließ sein einbalsamiertes Herz neben dem Sarg seines Landsmanns und Ratgebers P. Johannes von Ala OFMCap beisetzen.

Fürsterzbischof Paris Graf von Lodron (1586-1653) und sein Wappen, Salzburg, Altes Studiengebäude, Stuba Academica

VERHANDLUNGSERFOLG Ehrgeizige Pläne werden nach dem frühen Tod von Marcus Sitticus geschmiedet. Sein Nachfolger Paris Graf von Lodron will das Gymnasium zur Universität ausbauen. Dafür braucht er die Zustimmung von Kaiser und Papst. Das kaiserliche Privileg muss teuer erkauft werden – und das mitten im Dreißigjährigen Krieg! Dann die Enttäuschung: In der Urkunde von 1620 erlaubt der Kaiser lediglich ein Philosophiestudium; Titel dürfen nur bis zum Magister verliehen werden. Paris Lodron schickt die Urkunde zurück, sie sei ihm das viele Geld nicht wert. Zwei Jahre wird verhandelt, und 1622 trifft endlich die revidierte Urkunde ein, die eine Volluniversität mit allen Fakultäten und Titeln erlaubt. Sie wird 1623 vom Erzbischof finanziell abgesichert und 1625 von Papst Urban VIII. bestätigt. So kann die Universität vier Mal ihr Gründungsjubiläum feiern. Mit der Wiedergründung 1962 sogar ein fünftes Mal.

GELEITSCHUTZ Schutzpatron der Universität ist der hl. Karl Borromäus, ein Onkel des Fürsterzbischofs Marcus Sitticus. Das barocke Studienjahr in Salzburg beginnt daher an seinem Gedenktag, dem 4. November. Borromäus, Kardinal und Erzbischof von Mailand, führt ein vorbildliches Leben im Dienst der Gegenreformation. Ein Schussattentat überlebt er auf wundersame Weise. Er gründet mehrere Bildungseinrichtungen und übt als Ikonograph großen Einfluss auf die Kunst der Gegenreformation aus. Karl Borromäus stirbt 1584 und wird bereits 1610 heiliggesprochen. Viele Altarbilder in Salzburg zeigen, wie er Pestkranken furchtlos die Sakramente spendet.

Heilige wachen über jede der Salzburger Fakultäten: Thomas von Aquin über die Theologie, Ivo Hélory über die Rechtswissenschaften, Katharina von Alexandria über die Philosophie und der Evangelist Lukas über die Medizin; den Konvikt (Wohnheim für geistliche Professoren und Studenten) schützt der hl. Bonifaz.

li. Johann Michael Rottmayr (1654-1730), hl. Karl Borromäus bei den Pestkranken und Glorie des Heiligen, im Bildhintergrund eine Prozession zur Universitätskirche, 1721, Öl auf Leinwand, Salzburg, Universitätskirche
re. Attentat auf den hl. Karl Borromäus, Salzburg, St. Erhard

GUT BEHÜTET? Im Barock wird in den Kirchen der Universität ein reicher Schatz an Reliquien verehrt, unter ihnen ein Splitter vom Kreuz Christi, die Überreste eines Märtyrers aus den römischen Calixtus-Katakomben und drei kleine Reliquien des hl. Rupert. Große Beachtung gilt insbesondere dem Kardinalshut des Universitätspatrons. Dieses kostbare Andenken an den hl. Karl Borromäus erhält die Benediktineruniversität von der Grafenfamilie Castelbarco. Im ersten Überschwang wird der Hut von den Professoren in einer feierlichen Prozession zum Karlsaltar der eben eingeweihten Universitätskirche getragen und dort zur Verehrung ausgesetzt. Der Erzbischof, den Castelbarcos nicht gerade wohlgesinnt, verlangt einen Nachweis der Echtheit des Hutes, der mangels Beweisen vom Altar in die Sakristei zurückwandert. Erst Erzbischof Firmian gestattet wieder die Aussetzung des Hutes am Festtag des hl. Karl (4.11.).

li. Siegmund Karl Graf von Castelbarco (1661-1708), Fürstbischof von Chiemsee, Salzburg, Chiemseehof
re. Kardinalshut des hl. Karl Borromäus, Salzburg, Universitätskirche

HOHEITSZEICHEN Zur Beglaubigung von Urkunden und Dokumenten wird an der Benediktineruniversität ein Siegel verwendet. Es zeigt das Wappen des Universitätsgründers Paris Graf von Lodron unter dem Legatenhut mit den Fiocchi (Quasten), die seinen hohen Rang repräsentieren. Die Buchstabenfolge PASF bedeutet: Paris Archiepiscopus Salisburgensis Fundator – Paris, Erzbischof von Salzburg, der Stifter. Daneben erkennt man den hl. Benedikt mit einer dem Kelch entweichenden Schlange sowie den hl. Karl Borromäus als Universitätspatron mit Kreuz und Buch. Zwischen zwei Palmzweigen ist der gekrönte Wahlspruch des Universitätspatrons zu lesen: HVMILITAS – Demut. In solcher sind die Grenzen des menschlichen Verstands bei allem wissenschaftlichen Streben zu bedenken. Darüber breitet der Heilige Geist in Gestalt einer Taube die Flügel im Licht göttlicher Weisheit aus. Die Umschrift des Siegels lautet SIGILLVM VNIVERSITATIS BENEDICTINÆ SALISBVRGENSIS – Siegel der Salzburger Benediktineruniversität.

li. Siegel der Benediktineruniversität (1622-1810), Salzburg, Erzabtei St. Peter, Archiv
re. Siegel der wiedergegründeten Universität Salzburg (ab 1962). Im Unterschied zum Siegel der Benediktineruniversität fällt das Fehlen der Devise „Humilitas" – „Demut" des hl. Karl Borromäus und die Tilgung des Heiligen Geistes in Gestalt einer Taube auf.

MACHTSYMBOL Für die Benediktineruniversität werden zwei der schönsten Barockzepter angefertigt. Bei jedem Festakt trägt man die Zepter als Zeichen der Gerichtsgewalt des Rektors voran. Auf sie schwören die Studenten den akademischen Eid. Bekrönt sind die Zepter als Zeichen der kaiserlichen und päpstlichen Privilegierung mit Kaiserkrone und Tiara. Das erste zeigt die Wappen Salzburgs, Paris Lodrons und der Universität. Noch kunstvoller ist das zweite Zepter mit den Schutzpatronen der Universität. Es wird 1656 vom Augsburger Goldschmied Andreas Hamberger nach einem Modell des Bildhauers Jakob Gerold vollendet. Infolge der Auflösung der Benediktineruniversität 1810 werden die Zepter nach München verbracht, dann an die Universität Würzburg. Erst 1944 gelingt es den Landesarchivaren, sie nach Salzburg zurückzuholen. Die Universität erhält nach ihrer Wiedergründung die Zepter zurück und verwendet sie bis heute bei Sponsionen und Promotionen.

li. u. re. Päpstliches und Kaiserliches Zepter der Universität Salzburg
o. Eintrag über den Zepterkauf im Rechnungsbuch der Benediktineruniversität, UAS

ANGEWANDTE KUNST Schon wenige Jahre nach ihrer Gründung (1622) ist die Benediktineruniversität ein wichtiger Kulturträger im Land. Unterrichtet werden Theologie, Rechtswissenschaften und Philosophie, nur Medizin kann sich wegen Studentenmangels nicht durchsetzen. Im Studiengebäude sind Hörsäle, die Universitätsbibliothek und ein Konvikt untergebracht, in dem die geistlichen Professoren und Studenten leben. Um die Forschung zu fördern, wird ein Naturalienkabinett eingerichtet und der Botanische Garten im heutigen Furtwänglerpark angelegt.

Die Professoren dienen den Landesfürsten als Ratgeber, verfassen lateinische Inschriften für die großartigsten Monumente der Stadt und entwerfen geistreiche Bildprogramme für Kirchen, Paläste und Triumphpforten. Sogar die Pläne für den Residenzbrunnen werden mit der Universität abgesprochen.

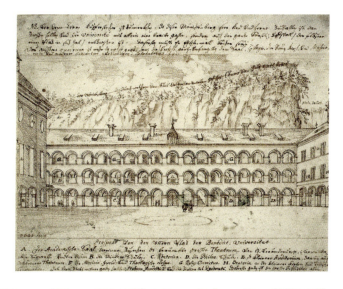

li. Burkhard Schraman (tätig ca. 1645-1670), Zeichner, Wolfgang Kilian (1581-1663), Stecher, Salzburg 1658. Der bemerkenswerte Kupferstich einer an der Benediktineruniversität verteidigten philosophischen Thesenschrift zeigt bereits 1658 den Residenzbrunnen, obwohl dieser erst 1661 fertiggestellt wurde, BFS
o. Odilo von Guetrat, Innenhof der Salzburger Benediktineruniversität, Anfang 18. Jahrhundert, Salzburg Museum

MEISTER IHRES FACHS Der Ruf der Universität strahlt weit über die Landesgrenzen hinaus, besonders mit den erfolgreichen Publikationen der Benediktinerprofessoren. Das Hauptwerk des Salzburger Kirchenrechtlers Ludwig Engel aus Melk, das „Handbuch der Pfarrer", ist noch nach hundert Jahren in Gebrauch, sein „Kompendium" zum Kirchenrecht erscheint in 21 Auflagen. Rektor Franz Schmier aus Ottobeuren setzt beim Erzbischof die Errichtung eines Lehrstuhls für Allgemeines Staats- und Völkerrecht durch, seine Schriften werden in Avignon und Venedig verlegt. Berthold Vogl aus Kremsmünster arbeitet 1741 den neuen Lehrplan der Universität aus, unter seinem Rektorat werden Vorlesungen aus Experimentalphysik eingeführt. Diese hält Frobenius Forster, der später als Abt von St. Emmeram die Werke Alkuins, des Beraters Karls des Großen, herausgibt. Der gefeierte Rechtslehrer und Autor vieler Werke, Cölestin Sfondrati, wird sogar Kardinal.

re. Berthold Vogl, Stift Kremsmünster, Äbtegalerie
diese Seite: Titelkupfer zu Alkuins Werkausgabe von Frobenius Forster mit huldigender Widmung an Kurfürst Maximilian III. Joseph von Bayern, 1777, UBS

Schreibkalender der Benediktineruniversität für Oktober 1756, UBS

DER KALENDERSTREIT Die Universität sorgt viele Jahre für Entwurf und Druck des Staatskalenders. Professoren berechnen Feste und Feiertage. Ein Astrologe, der in die Zukunft blickt, und monatliche Fortsetzungsgeschichten sorgen für Unterhaltung. Die Schreib- und Wandkalender erscheinen in Latein und Deutsch. Ende 1767 erfährt die Universitätsbuchdruckerin, dass vom „teutschen Kalender nicht mehr als 200, von dem lateinischen aber noch nicht über 40 verkauft" sind. Die streitbare Frau beauftragt ein Gutachten, das den Professoren ein wenig schmeichelhaftes Zeugnis ausstellt: Sie irren bei den Kalenderberechnungen, zudem seien ihnen die Ideen ausgegangen. Wenige Jahre später entzieht der Erzbischof der Universität die Autonomie über das Kalendermonopol, weil damit „ganz unbedenklich solche Schriften zum Druck befördert werden, welche nicht nur den Wohlstand verletzen, sondern wohl auch gegen die guten Sitten anstößig sind".

PUBLIC RELATIONS Die Öffentlichkeitsarbeit der Universität hat lange Tradition. Im „Triennium" publiziert die Benediktineruniversität alle drei Jahre den Personalstand und herausragende studentische Leistungen. Ende des 19. Jahrhunderts wirbt die Theologische Fakultät international in akademischen Zeitschriften für die Wiedergründung der Universität. 1896 berichtet die „Academische Revue" über die „rege Beteiligung" selbst der „unteren Volksschichten" im Katholischen Universitätsverein. Seither gibt es in den Akten des Universitätsarchivs regelmäßig die Rubrik „Öffentlichkeitsarbeit". Bibliotheksdirektor Ernst Frisch begeistert in der Zwischenkriegszeit mit Vorträgen und Publikationen für die Studienbibliothek. Heute prägt das Büro für „Public Relations und Kommunikation" das Erscheinungsbild der Universität in der Öffentlichkeit durch Medienbetreuung, Print- und Onlineprodukte und eine Vielzahl von Veranstaltungen.

Triennium, 1696, UBS

Album Studiosorum, 7.12.1737, UBS, vorletzter Eintrag von unten: Johann Georg Leopold Mozart, Vater von Wolfgang Amadeus Mozart

DIE MATRIKELBÜCHER Ab dem Studienjahr 1639 wird das Matrikelbuch (Verzeichnis der Studenten) der Universität durchgehend geführt. Das Studium beginnt mit der Unterschrift in diesem Buch. In lateinischer Sprache sind Name, Herkunft und das belegte Fach einzutragen, daneben werden die Immatrikulationsgebühren notiert, die Studiengebühren des Barockzeitalters. Ihre Höhe hängt von der sozialen Schicht ab, aus der man stammt. Diese Verwaltungsabgabe ist gering, arme Studenten sind davon gänzlich befreit. Zwischen 1639 und 1810 tragen sich 32.210 Studenten in die Matrikelbücher ein. Die Benediktineruniversität gehört damit nach Leipzig und Wien zu den meistbesuchten Universitäten im deutschsprachigen Raum. Zu den berühmtesten Studenten zählen Abraham a Sancta Clara, Leopold Mozart und Prokop Diviš, der Erfinder eines Blitzableiters.

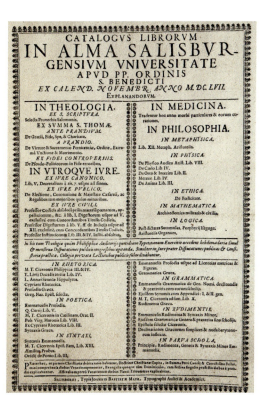

Vorlesungsverzeichnis für Gymnasium und Universität im Studienjahr 1657/58, UAS

nächste Seite: Unterricht zur Mozartzeit, Salzburg Museum

KLASSIKER-KANON Zur Benediktineruniversität gehört das bereits 1617 gegründete Knabengymnasium mit fünf Klassen. Gelehrt wird hier hauptsächlich Latein. In einer Klasse sitzen oft Schüler mit großem Altersunterschied, denn eingestuft wird nicht nach dem Alter, sondern nach den Lateinkenntnissen. Die Klassen sind groß, sie umfassen 70 bis 80 Schüler. Früh beginnt man mit der Lektüre der lateinischen Klassiker, zuerst Äsops Fabeln, dann die Geschichtsschreiber Sallust, Cornelius Nepos und Livius. Gern wird auch der „Alexanderroman" von Quintus Curtius Rufus gelesen, dessen Episoden noch heute in den Deckengemälden der Residenz von Johann Michael Rottmayr und Martino Altomonte zu sehen sind. In der Versdichtung überwiegen Vergil und Ovid. Zur Vorbereitung des universitären Theaterspiels steht jedes Jahr ein Drama von Seneca auf dem Lehrplan. In den Ferien „dürfen" die Schüler die Komödien von Plautus lesen.

der Instructer u. Hoffmeister.

Jouets d'Enfan[s]

der Schrei[...]

die Stickerin.

die Strickerin.

der Clariermeister.

der Fechtmeister.

Nomen, Patria, Aetas, Sustent.	Ingenium.	Diligentia.	Profectus.	Mores.
Schroeck Georgius Mettenheimensis Boius, ann. 16. sustentationem habet propriam.	Mediocre.	Tenuis aut nulla.	Mediocris.	Honesti; sed magis excolendi.
Schuster Antonius Salispolitanus ann. 15. sustent. a parentibus & Eleemosyna.	Obtusum.	Instabilis.	Melioribus ferme adrepit.	Modesti & maturi.
Seeauer nob. Ignatius Ischlensis Austriac. ann. 13. sustentationem habet propriam.	Admodum docile.	Erga ingenium valde auara & lubrica.	Inter optimos.	Vagi, astuti, & plateis valde adsueti.

Catalogus Inferiorum („Lehrerkatalog des Gymnasiums"), 1760-1769, UAS

VERBALE BEURTEILUNG Im Salzburger Gymnasium erfolgt die Beurteilung, aus heutiger Sicht höchst fortschrittlich, verbal und nicht in Form von Noten. Die Lehrerkataloge – diese sind seit der zweiten Hälfte des 18. Jahrhunderts erhalten – kennen vier Beurteilungskriterien: „ingenium", das Talent, „diligentia", die Sorgfalt, „profectus", den Fortschritt, und „mores", die Charakterzüge. Formuliert wird ebenso individuell wie originell: Ein Student „kriecht heran an die Besseren" seiner Klasse, ein anderer hingegen ist im Vergleich „wendig, lebhaft, listig, schlau", bisweilen leidet der Fleiß an „Trägheit" und die Form ist gar „zu beweinen", mancher Student „hat für gut befunden, den Wissenschaften zu entsagen".

In den Lehrerkatalogen finden sich auch Angaben zur Herkunft (überwiegend aus Stadt und Land Salzburg, daneben meist Oberösterreich, Bayern, Tirol), zum Alter (zwischen neun und 26 Jahre) und zum Unterhalt (Eltern, Wohltätigkeitseinrichtungen wie das Kapellhaus, Almosen).

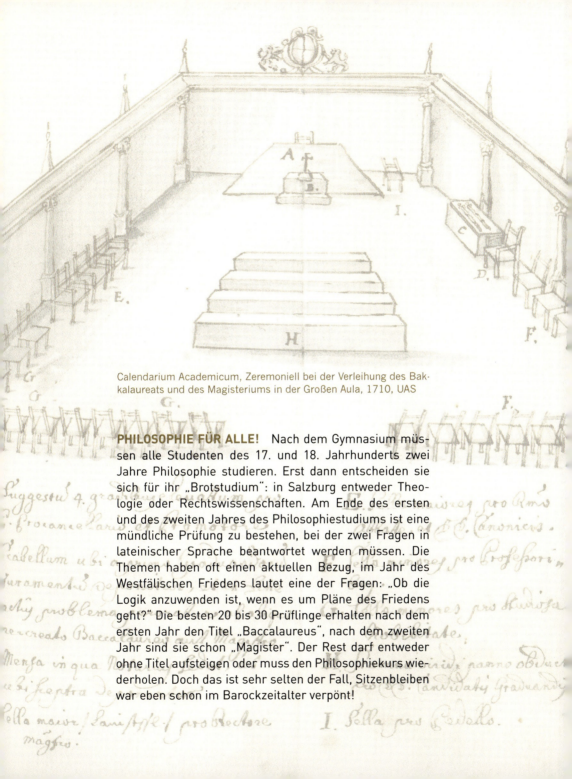

Calendarium Academicum, Zeremoniell bei der Verleihung des Bakkalaureats und des Magisteriums in der Großen Aula, 1710, UAS

PHILOSOPHIE FÜR ALLE! Nach dem Gymnasium müssen alle Studenten des 17. und 18. Jahrhunderts zwei Jahre Philosophie studieren. Erst dann entscheiden sie sich für ihr „Brotstudium": in Salzburg entweder Theologie oder Rechtswissenschaften. Am Ende des ersten und des zweiten Jahres des Philosophiestudiums ist eine mündliche Prüfung zu bestehen, bei der zwei Fragen in lateinischer Sprache beantwortet werden müssen. Die Themen haben oft einen aktuellen Bezug, im Jahr des Westfälischen Friedens lautet eine der Fragen: „Ob die Logik anzuwenden ist, wenn es um Pläne des Friedens geht?" Die besten 20 bis 30 Prüflinge erhalten nach dem ersten Jahr den Titel „Baccalaureus", nach dem zweiten Jahr sind sie schon „Magister". Der Rest darf entweder ohne Titel aufsteigen oder muss den Philosophiekurs wiederholen. Doch das ist sehr selten der Fall, Sitzenbleiben war eben schon im Barockzeitalter verpönt!

Frans de Neve (1606-1681), Zeichner, Georg Andreas Wolfgang (1631-1716), Stecher, Fürsterzbischof Maximilian Gandolph Graf von Kuenburg (1622-1687), Titelkupfer aus: Ferdinand Maria Franz Freiherr von Neuhaus, Theses selectae ex universa philosophia, Salzburg 1673, UBS

GESCHICHTE UND ETHIK Maximilian Gandolph Graf von Kuenburg fordert 1671 eine Aufwertung des Fachs Geschichte im Rahmen des Ethikunterrichts. Leben und Taten großer Persönlichkeiten sollen gelehrt und nach ethischen Gesichtspunkten beurteilt werden. Das Interesse mag wohl mit dem 1.100-Jahr-Jubiläum der Ankunft des hl. Rupert zusammenhängen, das der Fürsterzbischof 1682 mit großer Prachtentfaltung feiert.

Der erste Professor, der Geschichte im Ethikunterricht vorträgt, ist der Dramatiker Simon Rettenpacher OSB. Er liest die Bibel auch als Geschichtsbuch, dem er seine Epochengliederung entnimmt. Nach Nebukadnezars Traum lösen einander vier Monarchien ab: Dem assyrisch-babylonischen Reich folgen das medisch-persische, das makedonisch-griechische und das römische; Letzteres besteht im Oströmischen Reich und im Heiligen Römischen Reich Deutscher Nation fort.

„Nulli parcit honori" – "Sie verschont keine Ehre!", Kupferstich aus: Otto Aicher, Theatrum funebre, Salzburg 1675, UBS
Die Parze Atropos („die Unabwendbare"), eine der drei antiken Schicksalsgöttinnen, schneidet den Lebensfaden aller Menschen ab – egal welcher Herkunft und welchen Standes.

DIE MORAL VON DER GESCHICHT' Der moralisierende Blick auf die Biographien berühmter Persönlichkeiten ist ein wichtiger Aspekt der Salzburger Geschichtsphilosophie im 17. und 18. Jahrhundert. Adelige Studenten aus der Verwandtschaft des Fürsterzbischofs repräsentieren an der Universität die zukünftige Macht im Land. Ihrer Ausbildung und Erziehung gilt besonderes Augenmerk. Als zukünftige Ratgeber von Kaisern, Königen und Fürsten werden die jungen Grafen und Barone über das Schicksal Tausender bestimmen. Von Kindesbeinen an lehrt man sie, dass dieses ererbte Recht von Gott komme. Die Verpflichtung, die damit verbunden ist, betonen die Aufführungen des Universitätstheaters. Eindringlich führen sie vor Augen, dass die jungen Adeligen zwar Herrscher von Gottes Gnaden sind, diesem Gott aber Rechenschaft schulden: Macht heißt nicht Allmacht, sie braucht ein Gewissen. Nicht Selbstzweck bestimmt ihr irdisches Dasein, sondern das Bewusstsein höherer Verpflichtung.

BAROCKJUWEL Bereits 1618 gebaut, kann das dem hl. Karl Borromäus geweihte Sacellum im Studiengebäude als eigentliche Keimzelle der Universität gelten. In der Großen und Kleinen Aula feiern die an der Universität beheimateten Gebetsbruderschaften ihre Gottesdienste. Als Ende des 17. Jahrhunderts die Hörerzahl stark steigt, lässt Fürsterzbischof Johann Ernst Graf von Thun die Universitätskirche errichten – gegen den Willen der Anrainer. Ihrer Beschwerde, die neue Kirche werde dem benachbarten Gebäude „Luft und Licht" nehmen, hält man entgegen, „dass eine Kirche niemals einen Makel für ein Privathaus bedeuten könne." Die Kirche wird von Johann Bernhard Fischer von Erlach, einem der bedeutendsten Barockbaumeister, entworfen. Die Altarbilder im Inneren zeigen die Patrone der Universität. Ganz Salzburg feiert 1707 mit barockem Pomp die Einweihung des Sakralbaus zu Ehren der „Unbefleckten Empfängnis Mariens".

re. P. Bernard Stuart OSB (1706-1755), Programm, Johann Kleber († 1767), Entwurf, Joseph Anton Pfaffinger (1684-1758), Ausführung: Tabernakel mit dem Erzengel Michael
Diego Francesco Carlone (1674-1750) und Paolo d'Allio (1655-1729), Stuckglorie der Maria Immaculata, Salzburg, Universitätskirche
li. Der Erzengel Michael krönt den Tabernakel der Universitätskirche.

o. Kirche und Missionshaus der Benediktineruniversität in Schwarzach, Salzburg Museum
li. Maurerhammer und Kelle, die Fürsterzbischof Maximilian Gandolph Graf von Kuenburg bei der Grundsteinlegung von Maria Plain verwendete. Dahinter sein Kardinalshut, den er später nach Maria Plain widmete. Maria Plain, Schatzkammer

ORTE DER EINKEHR Auch außerhalb der Stadtmauern besitzt die Universität Kirchen. 1675 überträgt Erzbischof Maximilian Gandolph Graf von Kuenburg der Universität die Wallfahrtsseelsorge für Maria Plain. Der Ort dient der Erholung und dem Aufenthaltsort ihrer emeritierten geistlichen Professoren. Nach der Auflösung der Benediktineruniversität fällt Maria Plain gemäß Übergabevertrag an das Kloster St. Peter.

Ein Missionshaus in Schwarzach soll in der Zeit der Protestantenvertreibung den katholischen Glauben im Pongau fördern. Die Universität unterschätzt die hohen Bau- und Unterhaltskosten, die ihre Finanzen arg belasten. Daher versucht Fürsterzbischof Colloredo, der Aufklärung zugeneigt, das Missionshaus in eine Brauerei umzuwandeln, doch mit Unterstützung der Benediktinerkongregation bleibt die Mission schließlich bis zur Aufhebung der Universität bestehen.

o. Orgel in der Stiftskirche St. Peter mit den Wappen des Stifts (o.) und der Äbte Joachim Buechauer (li.) und Beda Seeauer (re.)
re. Abt Beda Seeauer, Privatbesitz

ROKOKOKARRIERE Beda Seeauer aus Hallstatt kommt zum Studium nach Salzburg, tritt in das Stift St. Peter ein und wird mit 27 Jahren Professor an der Universität. Der gefragte Prediger ist ein überaus produktiver Schriftsteller, dem vor allem die Geschichte von St. Peter am Herzen liegt. Nach seiner Wahl zum Abt erweist er sich als fähiger Organisator und Bauherr, der das Kloster im Stil des Rokoko erneuert. Er bewundert die Malerei von Kremser Schmidt und hört am liebsten die Musik Johann Michael Haydns, dem er bei der Wohnungsmiete entgegenkommt. In seinen umfangreichen, in lateinischer Sprache geführten Tagebüchern zeigt sich, wie eng der Abt der Universität zeitlebens verbunden bleibt. So übt er heftige Kritik an der aufklärerischen Bildungspolitik des Erzbischofs und bedauert die Abschaffung des Studententheaters. Mit Seeauer stirbt 1785 einer der bedeutendsten Äbte in der Geschichte St. Peters.

AM PRANGER Im 18. Jahrhundert steht die Benediktineruniversität im Kreuzfeuer der Kritik. Die „Aufklärer" spotten über die geistlichen Professoren, die angeblich „untersuchen und disputieren, wie viele Füße der Floh habe, ob die Mücken mit dem Rüssel oder mit dem Steiß einen Laut von sich geben". Ein neuer Lehrplan setzt den Affronts ein Ende.

1798 überzieht ein anonymes Pamphlet alle Professoren erneut mit beißendem Spott: Eitelkeit bei der Kleidung, Hang zu Ergötzungen, Umgang mit Frauen und Schlittenfahrten bei Nacht werden angeprangert. Festgenommen wird der Verleger Johann Philipp Palm, der den Verfasser, den Priesterhausregenten Matthäus Fingerlos, partout nicht preisgibt. Acht Jahre später wird Palm abermals wegen der Verbreitung einer Schmähschrift verhaftet. Sie richtet sich gegen die französische Besatzung und insbesondere gegen Kaiser Napoleon, der Palm in Braunau erschießen lässt.

In Braunau wird am 26. August 1806 der Buchhändler Johann Philipp Palm hingerichtet. Sein geistlicher Beistand, der Priester Thomas Pöschl, ist durch das traumatische Ereignis tief verstört. Er gründet eine Sekte, die „Menschenopfer" fordert, eine 31-jährige Frau lässt sich freiwillig mit der Axt erschlagen. Pöschl wird in ein Priesterkrankenhaus eingewiesen, in dem er stirbt.

PROFESSORENPLAGEN Wohnen in Salzburg ist teuer! Schon im Jahr 1677 klagen Professoren, sich nur Wohnungen außerhalb des Stadtzentrums, die weit von der Universität entfernt sind, leisten zu können. Sie sind gezwungen, im Winter „auf dem Eis mit Gefahr weit über die Gassen biß zur Academie" zu stapfen. Kaum haben sie sich in ihrer Wohnung eingelebt, müssen sie einen höheren Mietzins zahlen oder ausziehen. Dazu kommt, dass „in der Stadt die Uhren nit zusammen" gehen: In ihren entlegenen Quartieren können die Professoren den Schlag des Glockenturms der Universität nicht hören. Um nur ja pünktlich mit der Lehre zu beginnen, kommen sie stets zu früh in den Hörsaal und müssen dann auf die Studenten „in der größten Kälte" warten. Darunter leiden ihre Gesundheit und ihr Eifer am Unterrichten. Da die Universität zahlreiche Studenten anzieht, wodurch „vill gelt in das landt" kommt, hoffen die Professoren auf eine Wohnförderung.

Glockenturm der Großen Aula

FINIS.

ENDE DER BENEDIKTINERUNIVERSITÄT Im Jahr 1810 gibt es für die Benediktineruniversität eine traurige Weihnachtsbescherung: Sie wird von der bayerischen Regierung zugunsten einer Universität in München aufgehoben. Stattdessen entsteht ein Lyzeum mit zwei Abteilungen: der philosophisch-theologischen Sektion – sie wird 1850 in den Rang einer Theologischen Hochschulfakultät erhoben, der Philosophieunterricht wird aufgegeben – und der medizinisch-chirurgischen Lehranstalt, an der Landärzte ausgebildet werden; sie schließt 1875 ihre Pforten.
Zahlreiche Versuche werden unternommen, die Universität wieder zu eröffnen. Federführend ist der Katholische Universitätsverein, der eine katholische Universität einrichten möchte. Man findet jedoch keine Einigung mit den Kreisen, die eine überkonfessionelle Universität wünschen. Der „Anschluss" Österreichs 1938 bereitet diesen Bemühungen vorerst ein Ende.

Auszug aus dem Protokoll der Theologischen Fakultät über die Auflösung der Benediktineruniversität am 24.12.1810

re. Titelblatt aus: Nikolaus Joseph von Jacquin, Selectarum stirpium Americanarum historia, Wien 1780, aus dem Besitz von Erzbischof Colloredo, UBS
li. o. Franz von Kurz, Eine Ansicht von Salzburg, 1829
li. u. Botanischer Garten, Salzburg Museum

BLÜTENPRACHT MITTEN IN DER STADT Ursprünglich als Krautgarten für die Küche der Universität genutzt, entsteht Ende des 18. Jahrhunderts der Botanische Garten im Bereich des heutigen Furtwänglerparks.
Betreut werden die Pflanzen vom Salzburger Kaufmann Franz Anton Ranftl, der dank seiner weitreichenden Handelsbeziehungen sogar an Samen exotischer Gewächse kommt. Aus seiner Feder stammt der erste Pflanzenkatalog, der 1783 gedruckt wird.
Studenten der medizinisch-chirurgischen Lehranstalt nutzen den Garten für ihre im Lehrplan vorgeschriebenen botanischen Studien. 1845 umfasst der Garten 3.700 m², ein Warm-, Kalt- und Holländerhaus, insgesamt 11.500 Pflanzen. In den Kriegsjahren verkommt der Botanische Garten zum Lagerplatz für Bauschutt aus den Luftschutzstollen des Mönchsbergs. Heute erinnern nur noch Ginkgo und Tulpenbaum an die einstige Exotenpracht.

NATIONALSOZIALISMUS Bereits Jahre vor dem „Anschluss" Österreichs an das Deutsche Reich steht der Salzburger Universitätsverein wegen seines Strebens um eine katholische Universität von eingeschleusten Spitzeln der Nationalsozialisten unter Beobachtung. Am 2. Mai 1938 wird der Verein aufgelöst und sein Vermögen beschlagnahmt, am 15. September wird die Theologische Fakultät geschlossen. Um die katholische Lehre weiterführen zu können, errichtet Erzbischof Sigismund Waitz am 1. Dezember 1938 eine erzbischöfliche Lehranstalt, die – zusammen mit dem Priesterseminar – am 24. Januar 1941 wieder geschlossen werden muss. Nationalsozialistische Hochschulkurse sollen veranstaltet werden, aber wegen des Kriegsausbruchs hält man nur im Sommer 1939 „Salzburger Wissenschaftswochen" ab. Nach dem Ende des Zweiten Weltkriegs kann die Theologische Fakultät im Dezember 1945 ihre Lehrtätigkeit aufnehmen.

Öffentliche Bücherverbrennung in Salzburg am 30. April 1938

li. Die Gründerväter der Paris Lodron Universität Salzburg auf dem Turm der Universitätskirche, UAS
o. Feierliche Inauguration der Universität in der Großen Aula am 14.11.1964, UAS

WIEDERGRÜNDUNG Der Gedanke, in Salzburg wieder eine Universität zu gründen, erhält Ende der 1950er Jahre durch die Raumnot an Österreichs Hochschulen neue Aktualität. Die Landeshauptleute Josef Klaus und Hans Lechner sowie Erzbischof Andreas Rohracher einigen sich auf eine staatliche Universität, die Verhandlungen mit dem Unterrichtsministerium im Sommer 1961 werden auch vom Salzburger Bürgermeister und dem Rektor des Mozarteums unterstützt.
Der Nationalrat beschließt in einer Novelle zum Hochschulorganisationsgesetz am 6. Juli 1962 die Neugründung der Universität Salzburg. Sie erhält nach Beschluss des Akademischen Senats den Namen „Alma mater Paridiana" – in Erinnerung an Paris Lodron, den Gründer der ersten Universität. Dies zeige, so Bundespräsident Adolf Schärf bei der feierlichen Inauguration am 14. November 1964, dass die „neue Hochschule an die Tradition unserer alten Salzburger Benediktineruniversität anknüpft".

**ALLTAGS
GESCHICHTEN**

Erzbischof Guidobald Graf von Thun (1616-1668) bestätigt die Privilegien der Universität Salzburg und gewährt den Professoren Steuerfreiheit, Salzburg, 8.8.1654, UAS

HOHER MARKTWERT An der Benediktineruniversität unterrichten meist 18 Professoren. Nur drei von ihnen sind nicht geistlichen, sondern weltlichen Standes: Juristen, die sich oft schon einen Namen an anderen Universitäten gemacht haben, bevor sie der Erzbischof abwirbt. Nach Salzburg lockt man sie mit einem guten Gehalt, mit Steuerfreiheit und der Befreiung von der Pflicht, im Krieg Soldaten einquartieren zu müssen. Deshalb sind sie am Heiratsmarkt sehr begehrt.

Manchmal kann eine Professur auch mit der Übernahme einer ungeliebten Braut verbunden sein – etwa der Witwe des Amtsvorgängers. Professor Steinhauser weigert sich, die ihm zugedachte Frau zu heiraten. Dafür macht man ihm das Leben schwer. Wutentbrannt wirft er im Senat seinen Widersachern vor: „Sie sein Spitzbuben. Ich weiß wo diese passion gegen mir herkommt: weil ich keine von Euren Canaillien geheiratet habe."

ROSENKAVALIER Kaum ist 1962 der Beschluss zur Wiedergründung der Universität in Salzburg gefasst, beginnt im gesamten deutschen Sprachraum die Suche nach geeigneten Lehrenden. Man wünscht sich sowohl etablierte ProfessorInnen, Namen mit Strahlkraft, die Studierende nach Salzburg ziehen sollen, als auch junge BewerberInnen mit international beachteter Habilitation und gutem Vortragsstil. KandidatInnen werden vorgeschlagen, Gutachten eingeholt, Referate gehalten, Berufungsverhandlungen geführt. Dabei werden interessante Strategien verfolgt. Ein Kandidat versucht es mit dem Charme der „alten Schule" und bringt Blumen für die Frau des Dekans zum Bewerbungsgespräch. Als ihm dennoch ein anderer vorgezogen wird, schreibt er, Haltung bewahrend: „Ich hoffe, daß mein kleiner Rosenstrauch Ihrer sehr verehrten Frau Gemahlin Freude gebracht haben möge. Denn Freude machen, das ist mein Lebensziel."

Franz Reindl (1770-1840), Rosen, 1788, Aquarell, 345 x 476 mm, aus dem aufgelösten Klebeband „Malerakademie IV." mit dem Supralibros des Fürsterzbischofs Hieronymus Joseph Grafen von Colloredo (1732-1812), UBS

EINREISEBESTIMMUNGEN Salzburgs günstige Lage zieht schon im Barockzeitalter ausländische Studenten an, vor allem aus den deutschsprachigen Nachbarländern. Aber auch Italienern, Polen, Schweizern, Slowenen, Tschechen und Ungarn gefällt es hier. In Zeiten der Krise, wenn Krieg und Hungersnöte herrschen, ändert sich die Einstellung zu den sonst willkommenen Ausländern. Während einer Hungersnot im Jahr 1699 müssen sie ein „Quantum an Geträydt mit sich herein ins Land bringen", und ohne Studienerfolg sollen sie „von hier hinweg geschafft werden". 1771 befiehlt der Erzbischof sogar, das Studienjahr früher zu beenden, damit durch die Abreise der Studenten mehr Nahrung bleibe.
Keinen Kompromiss kennt man in Fragen der Religion. Nur wer katholisch ist, darf in Salzburg studieren. Benediktinerprofessoren begleiten als Seelsorger den Übertritt von „Heiden" zum Katholizismus, übernehmen sogar die Patenschaft.

Johann Michael Rottmayr (1654-1730), Taufe eines heidnischen Fürsten, 1722, Öl auf Leinwand, 640 x 265 cm, Salzburg, Universitätskirche

SOPHIE ODER PHILOSOPHIE? Zwar wacht eine Frau, die hl. Katharina von Alexandria, als Patronin über die Philosophische Fakultät, doch studieren dürfen Frauen an der Benediktineruniversität nicht. Als 1732 die 21-jährige Laura Bassi an der Universität Bologna promoviert wird, erläutert der Salzburger Professor Placidus Böcken OSB in einer schwungvollen Rede zur Sponsion seiner Studenten, dass auch Frauen für ein Studium geeignet wären. Kein vernünftiger Grund spricht dagegen! Schon Platon und Cicero befürworten die gleiche Ausbildung der Geschlechter. Die Bibel erzählt von der Richterin Debora und der eloquenten Königin von Saba, reich ist die Geschichte an gelehrten Frauen. Für Böcken stellt sich daher die Frage, warum Frauen heute nicht mehr studieren? Daran, so meint er scherzend, sind seine Studenten schuld, die lieber eine Sophie verehren als die Philosophie und eine Bibiana öfter besuchen als die Bibliothek!

Andreas Hamberger, Die hl. Katharina von Alexandria mit Rad, Schwert und Palmzweig als Patronin der Philosophischen Fakultät, Detail aus dem Päpstlichen Zepter der Universität Salzburg, 1656

"Nos addimus alas" – "Wir verleihen Flügel", Emblem der Salzburger Universitätsbuchdruckerfamilie Mayr von Mayregg, 1663, UBS

DIE PRINZIPALIN Einer einzigen Frau kommt im ausschließlich männlichen Akademiebetrieb über Jahrzehnte hinweg eine äußerst einflussreiche Stellung zu: Anna Viktoria Cajetana Konhauser von Sternenfeld, Erbin der „Mayr'schen Druckerei", verlegt ab 1742 die Veröffentlichungen der Universität. Ihre alte Familiendevise „Nos addimus alas" – „Wir verleihen Flügel" erscheint auch heute noch modern. Das Verlagsprogramm ist mit Werken von Theologen, Juristen, Schul- und Kochbuchautoren erstaunlich breit gefächert.

Doch Frau von Sternenfeld, die ganz Salzburg ehrfurchtsvoll die „Prinzipalin" nennt, wird schließlich die Veröffentlichung der Schmähschrift eines Franziskaners auf die Reduktion der Feiertage zum Verhängnis. Erzbischof Colloredo verurteilt die Verlegerin zu einer hohen Geldstrafe, ihre Druckerei wird unter Wert an das besser zu kontrollierende Waisenhaus zwangsverkauft.

Studentinnen nach der Wiedergründung, UAS

FRAUENQUOTE In Salzburg studieren ab 1932 vereinzelt Frauen am Philosophischen Institut der Theologischen Fakultät. Doch erst nach dem Zweiten Weltkrieg werden regelmäßig Theologiestudentinnen aufgenommen: Im Wintersemester 1945/46 sind von 171 Studierenden 16 weiblich. Sie stammen aus Bosnien, Deutschland, Lettland, Litauen, Österreich, Tschechien und der Ukraine. Seither steigt der Frauenanteil unter den Studierenden stetig an, 2012 erreicht er fast 60 %.
Erste ordentliche Professorin wird 1969 die Zeithistorikerin Erika Weinzierl. Noch länger dauert es, bis Frauen auch in höchste akademische Ämter berufen werden: Die Romanistin Brigitte Winklehner wird 1998 erste Vizerektorin, die Historikerin Sylvia Hahn 2009 erste Dekanin.
Die gesetzlich vorgeschriebene 40 %-Frauenquote in allen universitären Kollegialorganen wird seit 2009 vom „Arbeitskreis für Gleichbehandlungsfragen" überprüft.

Altes Studiengebäude
Stuba Academica

STUDENTENUNRUHEN 1711 kursiert ein Schmähgedicht auf Rektor und Professoren. Der Schuldige, Wolfgang Ignaz Rudolph Würth, wird gefasst, muss in der „Stuba Academica" knieend Abbitte leisten und bekommt für jede der 25 Strophen des Gedichts einen Stockhieb. Die Studenten sind über die Züchtigung erbost, sehen ihre Rechte verletzt und beschließen die Vorlesungen zu boykottieren. Der Rektor soll versprechen, dass Würth rehabilitiert und kein Student mehr gezüchtigt wird. Nach Ostern stürmen die Studenten die „Stuba Academica" und verlangen aus dem Matrikelbuch gestrichen zu werden. Der Rektor stimmt zu, will aber den Abgängern kein Zeugnis geben, was zu neuen Protesten führt. Der Erzbischof – gerade beim Fischen – schickt dem bedrängten Rektor die Stadtwache zu Hilfe und lässt „einen Wagen mit Kolben und Feuerschlünden von der Festung offen herabfahren". Erst jetzt bricht der fast zwei Monate dauernde Streik zusammen.

Zu einem beschämenden Auftritt sogenannter „Fortschrittlicher" kam es während der Feiern zum 15. Jahrestag der Staatsvertragsunterzeichnung. Glücklicherweise griff die Polizei sofort hart durch. Bild: Vuray

Salzburger Volksblatt, Folge 112, S. 3 vom 16.5.1970

LASS DIE SAU RAUS! Eine der spektakulärsten Aktionen unter Beteiligung Salzburger Studierender richtet sich gegen Militärparaden. Als im Mai 1970 das Bundesheer auf dem Residenzplatz aufmarschiert, lassen Gegner der Heeresschau ein Ferkel los. Die dick eingeseifte „Jolande" rutscht ihren Verfolgern immer wieder durch die Hände und zieht die Zeremonie ins Lächerliche. Das Medienecho ist enorm, die Meinungen dazu geteilt. Einige Beteiligte werden verhaftet, doch auf Druck der Öffentlichkeit bald wieder freigelassen.

Rechte und Interessen der Studierenden vertritt die Österreichische Hochschülerschaft. Ein Beitrag, der jedes Semester zu bezahlen ist, sichert die finanzielle Unabhängigkeit der ÖH. Zu ihren zahlreichen Aufgaben zählen Informationsveranstaltungen, Beratungen für StudienanfängerInnen, Mitgestalten von Lehrplänen, Verhandlungen mit der Bundesregierung und – wenn nötig – das Organisieren von Streiks.

Fr. Thiemo Sing OSB (1639-1666), Barocker Hund, Detail aus dem Altarbild „Die Taufe des Herzogs Theodo", 1664, Öl auf Leinwand, Stiftskirche St. Peter, Turmerdgeschoss

HUNDE AN DIE LEINE! Die Studenten des 18. Jahrhunderts lieben Hunde. Doch die Vierbeiner sind dem Erzbischof ein Dorn im Auge – besonders in der Jagdsaison: Wenn die Fasane „in die Auen ausgelassen" werden, dürfen die Studenten zum Schutz des „edlen Feder-Wildbrets" dort nicht mehr mit den Hunden spazieren gehen. Werden Hunde „ohne Halsband und hierauf gestochenen Namen" erwischt, bedeutet das ihr Ende: So soll auch „die Stadt besser gesäubert" bleiben! Ungern sieht der Erzbischof die Studenten beim „Maschen-Richten" für den Vogelfang und beim Fischen; doch will er ihnen eine „anständig-ehrliche Erholung gnädigst vergönnen". Warum nicht in den Zoo? Aber auch hier gibt es Ärger mit der „Tierliebe" der Studenten. 1707 reicht der Verwalter von Hellbrunn Beschwerde ein: Bei der Besichtigung der „Raritäten" habe ein Student eine „Schildkroten aufgehebt und einem andern Studenten in die Tasche des Rocks geschoben".

„Toback Luder-Narr", aus: Abraham a Sancta Clara, Centi-Folium stultorum in quarto oder hundert ausbündige Narren, Nürnberg 1709, UBS. Abraham a Sancta Clara (1644-1709) besuchte 1659 bis 1662 das Gymnasium der Salzburger Benediktineruniversität.

STRENGES REGIMENT Unter Erzbischof Johann Ernst von Thun (1687-1709) hagelt es Verbote für die Studenten: Lagerfeuer auf dem Gaisberg, Schlittenfahren in der Stadt, Musizieren in den Gasthäusern – alles untersagt. Die Studenten sollen „um 10 Uhr nachts zu Hauß" sein! Noch strenger ist Erzbischof Colloredo. Er wünscht, dass „kein Student die Wirtshäuser weder zur Kost, noch zum Trunk, am allerwenigsten zum Tanz besuche". Doch der Fakultätsrat hält solch ein Gesetz für „unausführbar", man würde den Studenten „alle Gelegenheit nehmen sich zu ergötzen". Leichter ist schnelles Reiten und Fahren zu verbieten! Eine weitere Eingabe richtet sich gegen das „Tabakrauchen unter den Akademikern", weil sie „den Vorübergehenden mit Tabakdampf beschwerlich fallen". Diesem Verbot wird 1802 stattgegeben, da Rauchen „der Gesundheit nachteilig ist, die Feuersgefahr vermehrt und alljährlich eine sehr beträchtliche Summe Geldes außer Landes zieht".

STUDENTENLEGION Stolz tragen die Studenten der Benediktineruniversität ihre Degen. Dieses Privileg wird ihnen verliehen, als der Landesfürst Schutz im Dreißigjährigen Krieg braucht. Das Freikorps der Universität führt ein Wappen mit blauem Schild, den ein Löwe mit Schwert und aufgeschlagenem Buch ziert.

Die Zeiten bleiben kriegerisch: Als die Türken 1683 Wien belagern, flieht die Witwe des Kaisers nach Salzburg und mit ihr zahlreiche junge Aristokraten. Sie studieren zeitweilig in Salzburg, während sich der Wiener Bürgermeister Johann Andreas von Liebenberg, ein Absolvent der Benediktineruniversität, große Verdienste bei der Abwehr der Türken erwirbt.

Auch die Studenten des Lyceums werden zu Waffenübungen eingezogen. 1848 verpflichten sie sich, „die hiesigen Unterrichts- und Wohltätigkeitsanstalten zu schützen sowie ihren Mut und ihre Kraft bei jeder Gelegenheit für Kaiser und Vaterland zu bewähren".

„Ein studierender Cavalier" aus der Serie der Kostüm- und Trachtenbilder der Kuenburg-Sammlung, ausgehendes 18. Jahrhundert, Privatbesitz

WEHE DEM, DER NICHT LATEINISCH SCHWÄTZT! Latein ist für Jahrhunderte die Gelehrtensprache. 1790 wird das Kirchenrecht zum ersten Mal in Deutsch vorgetragen. Erzbischof Colloredo wünscht jedoch die Rückkehr zum Vortrag in Latein. Ein Gutachten ergibt allerdings, dass nur noch ein einziger Professor in lateinischer Sprache lehrt – und der hat die wenigsten Studenten! In der „deutschen Romanen= und Comoedien Lectüre" sehen die Professoren die schlechten Lateinkenntnisse begründet. Daher sollen bereits die Schüler angehalten werden, untereinander nur lateinisch zu reden: „Schwätzt einer während der Profeßor auf der Kanzl sitzt, und Deutsch, so ist er doppelt straffällig."

International ist die Wissenschaftssprache heute Englisch, doch „schwätzt" man an der Universität Salzburg in vielen Sprachen, immerhin kommt ein Drittel der mehr als 18.000 Studierenden aus über 100 Staaten.

Gaetano Vascellini (1745-1805), Stecher, Fürsterzbischof Hieronymus Joseph Graf von Colloredo (1732-1812), aus: Francesco Fontani (Hg.), Trattato della pittura di Lionardo da Vinci, Florenz 1792, UBS

Zacharias Miller, „Jesus, den Du, o Jungfrau, im Tempel wiedergefunden hast", aus der Serie der 15 Geheimnisse des Rosenkranzes, 1636, Öl auf Leinwand, Salzburg, Altes Studiengebäude, Große Aula

BAROCKE STUDIENFÖRDERUNG Wohltätigkeitseinrichtungen versuchen die Not armer Studenten zu lindern. Mit der „Studentenbüchse" werden Almosen gesammelt. Der Universitätsgründer Paris Graf Lodron stiftet das „Collegium Marianum" und das „Collegium Rupertinum" für bedürftige Studenten. Als Gegenleistung für freie Kost, Kleidung und Logis müssen sie täglich für die Lodrons beten und für jedes Studienjahr zwei Jahre bei der Grafenfamilie abarbeiten.

Einen besonderen Mäzen haben die Studenten in Johann Christoph Graf von Liechtenstein (1591-1643). Als Fürstbischof von Chiemsee lädt er jeden Monat zu Ehren der 15 Geheimnisse des Rosenkranzes 15 arme Studenten zu sich in den Chiemseehof, um „ihnen bei Tische zu dienen und das Handwasser zu reichen. Er lässt ihnen sieben Gerichte vorsetzen, schenkt ihnen vom besten Weine ein, soviel sie wollen, und gibt zum Schlusse für das Abendessen jedem einen Gulden".

1964: Reges Treiben herrscht in der Salzburger Residenz vor der Dekanatskanzlei. Studenten füllen die zahlreichen Druckformulare für die Inskription aus, UAS

STUDENTENWOHNHEIM Wer in Salzburg studieren möchte, sollte sich früh genug um eine Unterkunft bemühen. Erste Anlaufstelle sind oft StudentInnenheime, die eine gute Infrastruktur und Möglichkeiten für soziale Kontakte bieten. Eines der ersten StudentInnenheime, das „Hochschülerheim Wolf Dietrich", wird bereits 1961 nach Plänen des Architekten Thomas Schwarz erbaut. Es beherbergt zunächst auch vier Universitätsinstitute und die Mensa. Da Heimplätze knapp und Wohnungen in der Altstadt teuer sind, leben heute viele Studierende aus Kostengründen in Wohngemeinschaften oder an Salzburgs Peripherie.

Ein sozial gestaffeltes Stipendiensystem soll das Studium für alle leistbar machen. Die staatliche Studienförderung gewährt Studienbeihilfen im Inland und unterstützt Studienaufenthalte im Ausland. Studierende mit Kindern und Berufstätige können zusätzliche finanzielle Zuschüsse beantragen.

DER „LIEBESBUND" Dem Fegefeuer zu entrinnen ist nach kirchlicher Sündenlehre nahezu unmöglich, doch fromme Werke können diese „Hölle auf Zeit" verkürzen. So trifft sich Salzburgs Bevölkerung in Bruderschaften, um mit Gebet den verstorbenen Mitgliedern zu Hilfe zu kommen. Daneben treten diese Bruderschaften als Kredit- und Auftraggeber von Künstlern auf.

Auch an der Universität etabliert sich eine Reihe von Bruderschaften, die Teilnahme an der Marienkongregation ist für alle Studenten Pflicht. Die Mitglieder der Bruderschaft vom hl. Thomas von Aquin sollen „täglich 15 Ave Maria zur Ausrottung der Fleischessünden beten". Jährlich 40 Kreuzer beträgt die Mitgliedschaft im 1743 organisierten „Liebesbund"; dafür werden täglich drei Messen gelesen. Zudem haben die Mitglieder „Anteil an den Verdiensten der Wohltaten", welche man armen Studenten aus dem Vereinsbudget zuteil werden lässt.

Bruderschaftsbuch der Marienkongregation, 1619, UAS

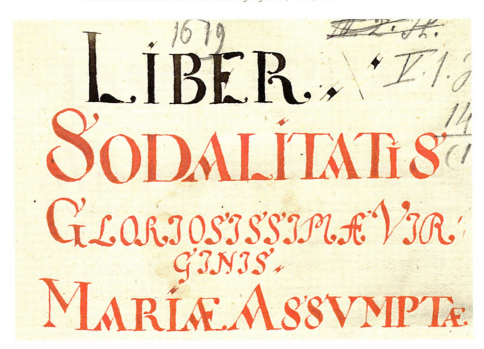

Alumni Fest 2008 auf der Festung Hohensalzburg

ABSOLVENTEN-NETZWERK Der Alumni Club (lat. „alumni", „Zöglinge") pflegt seit 2002 die Verbindung der Universität mit ihren ehemaligen Studierenden. Er vernetzt AbsolventInnen und bezieht sie weiterhin in das universitäre Leben ein. Darüber hinaus erleichtert er Salzburgs JungakademikerInnen den Eintritt ins Berufsleben: Diese profitieren vom Know-how erfahrener Alumni, besonders bei Jobrecherche und Bewerbungstraining. Auch das gesellschaftliche Leben kommt nicht zu kurz. Dass ein gemeinsames Studium dauerhaft verbindet, zeigen die Alumni-Feste, die stets in spektakulärer Kulisse stattfinden, wie auf der altehrwürdigen Festung Hohensalzburg oder im trendigen Hangar-7, und zuletzt der Paris-Lodron-Ball in der Residenz. Dort fanden schon zur Zeit der Benediktineruniversität die Faschingsbälle des Erzbischofs statt. Fleißige Studenten belohnte der Rektor mit Handbillets, die die Teilnahme an diesen gesellschaftlichen Ereignissen ermöglichten.

o. Erstürmung der Maximuskapelle, um 1602, aquarellierte Federzeichnung, UBS
re. Ein beliebter „Studententreff" im Barockzeitalter: Der Platz vor dem Bürgerspital, in den die Getreidegasse die feucht-fröhlichen Besucher ihrer Wirtshäuser münden ließ, aus: Franz Anton Danreiter (1695-1760), Vorlage, Johann Bernhard Hattinger (1707-1769), Stecher, Die Saltzburgische Kirchenprospect, Augsburg 1735, UBS

VERBOTENE LIEBE Sittengesetze versuchen im Barockzeitalter außereheliches Liebesleben zu verbieten. Da „gefallene Töchter" oft nicht mehr zu verheiraten sind, gelten für ledige Mädchen strenge Regeln. Weil aber viele Studenten sich nicht bis zur Hochzeit mit einer standesgemäßen Braut gedulden möchten, blüht die Prostitution. Als beliebter Ort für die verbotenen Treffen gilt der Platz vor dem Bürgerspital. Ist der Preis ausverhandelt, bricht man dorthin auf, wo man sich ungestört glaubt. Besonderen Reiz üben die Katakomben von St. Peter in der Felswand des Mönchsbergs aus, angeblich der Ort des Martyriums des hl. Maximus. Vergisst der Abt abzuschließen, halten „Huren und Buben alda ihre Conventicula" in einzigartiger Kulisse: hoch über Salzburg, direkt über dem Petersfriedhof! Zum Entsetzen des Abts werden dort solch „bese leith" nicht nur einmal „erdapet".

Das Urteil über Georg Pämer im Rektoratsprotokoll vom 2.4.1658, UAS

SCHARFE SANKTIONEN Georg Pämer ist ein armer Student aus München, der in Duellen stets unterliegt. Mehrmals besucht er den Magie kundigen Scharfrichter Simon Mandl, von dem er sich einen Zauberspruch erhofft, der ihn unbesiegbar macht. Doch seine Besuche im Scharfrichterhaus gelten nicht nur den überirdischen Fähigkeiten des Henkers, sondern auch dessen Tochter, die wenig später ein Kind erwartet. Der Henker erstattet Anzeige, Pämer muss in den Karzer, doch seine erzürnten Eltern wollen die geforderten Alimente nicht zahlen. Als auch noch ans Tageslicht kommt, dass Pämer sich mit Zauberei beschäftigt hat, kennt der Rektor kein Pardon. Er fällt ein drakonisches Urteil: Weil der Student eine „Unehrliche" schwängerte, wird er in der Aula mit einem „Schandmal" gebrandmarkt und der Stadt verwiesen. Sollte er noch einmal aufgegriffen werden, droht der Rektor, so lässt er ihn aus der Stadt schleifen.

Verführungsszene, aus: Second mémoire justificatif de la comtesse de Valois de La Motte, London 1790, UBS

DER GALANTE VERFÜHRER Der Student Wolf Christoph von Clam ist zum geistlichen Stand bestimmt, für den er aber wenig Neigung zeigt, liegt ihm doch Salzburgs Damenwelt zu Füßen. Er feiert rauschende Feste und wechselt bald die Unterkunft, „weilen man ihm die fremde Menscher und nächtliches außgehn nicht gestatten" will. Mit Vorliebe verführt er verheiratete Damen von Stand, die sich im Glanz jugendlicher Verehrung sonnen. Mit ihnen geht er Arm in Arm „cum maximo scandalo öffentlich herum spazieren", schreibt ihnen glühende Liebesbriefe. Die Ehemänner sind entsetzt über den Domherrn, der „fast alle nacht außgehe, sich verkleide, und allerleÿ Händl anfange". Der Rektor wird nicht Herr der Lage, der Erzbischof muss eingreifen. Er legt dem adeligen Sünder nahe, die Stadt ehest zu verlassen. Clam geht – und macht trotzdem geistliche Karriere. Als Regensburger Domherr und Propst stirbt er 1703 in Straubing.

STUDIEREN MIT KIND Kinder sind in Hörsälen selten zu sehen, doch beinahe jede/r Zehnte studiert heute mit Kind. Untersuchungen zeigen: Nachwuchs während des Studiums bringt das Zeitmanagement durcheinander, erhöht aber die Flexibilität im späteren Berufsleben. Auch aus diesem Grund wird eine frühe Elternschaft rückblickend als „grundsätzlich positiv" beurteilt. Kinderbetreuungsgeld, Familien- und erhöhte Studienbeihilfe helfen die finanzielle Lage zu verbessern. Vor allem die Organisation der außerfamiliären Betreuung der Kleinkinder stellt für die Studierenden oft eine Herausforderung dar. Das Kinderbüro der Universität und die ÖH informieren über Betreuungseinrichtungen und Babysitter-Börsen.
Die Veranstaltungsreihen Kinder- und SchülerUNI sollen den Nachwuchs zu einem frühen Einstieg in die Universität motivieren, indem „jungen ForscherInnen" spannende Themen altersgerecht vermittelt werden.

Logo der Veranstaltungsreihe „SchülerUNI", das auf den Wappenlöwen mit Brezelschweif des Universitätsgründers Paris Graf Lodron Bezug nimmt

Das Café UNIKUM im UNIPARK

STUDENTENFUTTER Schnell muss es gehen, günstig muss es sein und schmecken soll es auch: das Essen für Universitätsangehörige. Erste Adresse ist die Mensa (lat. „mensa", „Tisch, Tafel"), ein Selbstbedienungsrestaurant, in dem sich Studierende zum Vorzugspreis laben können. Gäste sind willkommen, zahlen aber einen geringen Aufpreis. An der Universität Salzburg gibt es drei Mensen: in den Fakultätsgebäuden des Toskanatrakts der Residenz, am Rudolfskai und in der Hellbrunner Straße. Alle gehören zur Österreichischen Mensen Betriebsgesellschaft. Sie bieten neben zwei dreigängigen Classic-Menüs und À-la-carte-Essen für den großen und kleinen Hunger spezielles „Brainfood", das nach besonderen ernährungsphysiologischen Grundsätzen zusammengestellt ist.
Neben den Mensen erfreuen sich die Cafés UNI:VERSUM (Hofstallgasse) und UNIKUM (UNIPARK) großer Beliebtheit auch bei der Salzburger Bevölkerung.

EIN STARKOCH FÜR DIE UNIVERSITÄT In der Klosterküche von St. Gallen lernt Conrad Hagger sein Handwerk. Nach Wanderjahren als Feldkoch bei Kriegszügen durch Osteuropa kommt er nach Salzburg. Bald steigt er zum Stadtkoch auf, der „die weibsbilder im Kochen zu unterrichten" hat. Seinen reichen Erfahrungsschatz veröffentlicht er 1718 im „Neuen Saltzburgischen Kochbuch": mehr als 2.550 Rezepte bebildert mit 300 Kupferstichen auf 1.700 Seiten. Der Erfolg zeichnet sich ab. Noch im Andruck wird ein kaiserliches Privileg erwirkt, das vor unerlaubtem Nachdruck schützen soll. Doch der Kauf des Hauses Getreidegasse Nr. 23 ruiniert Haggers Finanzen so sehr, dass er sich zusätzlich als Hausmeister der Universität verdingen muss. Er stirbt in Armut, sein Kochbuch aber erfreut sich noch lange einer „fast täglichen Nachfrage". 1765 legt die Universitätsbuchdruckerin Konhauser von Sternenfeld die barocke Genussbibel in einer Auswahledition neu auf.

li. Titelkupfer, aus: Conrad Hagger, Neues Saltzburgisches Koch-Buch, Augsburg 1718, UBS
re. Tafelaufsatz mit Konfekt aus Haggers Kochbuch

DIE EWIGE SENATSSITZUNG Das Sacellum birgt ein schauriges Geheimnis. Als 1969 der Zugang zu der vergessenen Krypta geöffnet wird, stockt den Restauratoren der Atem: Unten sitzen zwölf mumifizierte Männer mit Doktorhüten auf ihren Köpfen! Lateinische Grabinschriften überliefern, wer sich hier zur letzten Senatssitzung trifft – bedeutende Benediktinerprofessoren und um die Universität verdiente Männer wie der Dramatiker Otto Aicher, der Jurist Christoph Bluemlacher oder der Stadtarzt Rupert Streicher. Anfang des 18. Jahrhunderts enden die Sitzbestattungen im Sacellum. Künftig werden Universitätsangehörige in der Kolumbariengruft (lat. „columbarium", „Taubenschlag") der Universitätskirche bestattet. Erst 1771 wird das Sacellum wieder zur Grabstätte: Weil sein Herz der Universität gehört, lässt es Erzbischof Siegmund Christoph Graf von Schrattenbach vor dem Hochaltar bestatten.

Blick auf den Hochaltar des Sacellums mit ovaler Grabplatte für das Herz von Fürsterzbischof Siegmund Christoph Grafen von Schrattenbach (1698-1771), Salzburg, Altes Studiengebäude

KUNST
GESCHICHTEN

Martin Gizl, Vergoldetes Messingrelief des Fürsterzbischofs Andreas Jakob Grafen von Dietrichstein, 1753, Salzburg, Erzabtei St. Peter

DER VERGOLDETE ERZBISCHOF Politiker brauchen Prestigeprojekte! Daher machen die Landesfürsten bereits im Barockzeitalter ihren Einfluss auf die Forschungsvorhaben der Universität geltend. Untersucht werden soll, was der Regierung gerade dient: Geschichte vor dem nächsten Jubiläum, Militärarchitektur im Krieg, die Rechtslage in Streitfällen, die Wirtschaft bei leeren Kassen.

Erzbischof Firmian lässt für die Einführung der Torfheizung die Moore des Landes trockenlegen. Doch der Professor, dem das Projekt übertragen wird, fällt in Ungnade, und das Vorhaben scheitert.

Erzbischof Dietrichstein sieht in den Naturwissenschaften einigen Nutzen für seine Belange und lässt an der Universität einen Physiksaal einrichten. Die Auswirkung von Metall auf den menschlichen Körper interessiert ihn brennend, leidet er doch an einem „krätzigen Hautausschlag". Zur Linderung seiner Beschwerden lässt er „den ganzen Leib mit Goldplättchen überziehen, wodurch er gleichsam vergoldet" stirbt.

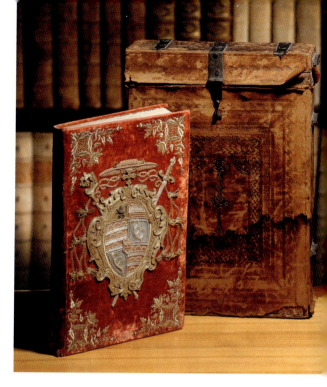

Das prachtvolle Widmungsexemplar der „Historia civilis" für Erzbischof Firmian aus dem Jahr 1734: Der rote Samteinband ist mit Stickereien und Applikationen aus Gold- und Silberdrähten versehen und zeigt am Vorderdeckel das erzbischöfliche Wappen. Das Buch wird in einem „Buchkasten" aufbewahrt, der zum Transport diente. Er stammt aus dem Ende des 15. Jahrhunderts, ist aus Holz gefertigt, mit Leder überzogen und mit Blindstempeln verziert.

MEHR ALS REINES FAKTENWISSEN Die Rechtswissenschaftliche Fakultät der Benediktineruniversität genießt einen ausgezeichneten Ruf. Aus Köln, Münster und Paderborn werden juristische Gutachten von Salzburger Professoren eingeholt. Die Rechtsauskünfte betreffen Brandstiftung und Giftmischerei, Polygamie, Blutschande sowie Unzucht mit Tieren und dem Teufel. Hunderte Rechtsfälle sind in dicken Folianten überliefert.

Dabei sind auch Ethik und Geschichte wichtige Themen an der Juristenfakultät. Dies berücksichtigt besonders der wegen „seines leicht fasslichen Vortrages" beliebte Professor Franz Joseph von Herz zu Herzfeld in seiner „Historia civilis". Auf die Geschichte des Zivilrechts folgen stets rechtsethische Erörterungen wie zum Beispiel: „Waren die Kriege der Römer gerecht?" Diese Fragen sollen nicht Daten- und Faktenwissen, sondern die Urteilsfähigkeit fördern – heute wieder ein hohes Lernziel in der Didaktik!

GELEHRTE BRÜDER Fast ein halbes Jahrhundert lang prägen drei Brüder den Salzburger Akademiebetrieb. Franz, Joseph und Paul Mezger treten 1650 miteinander in das Stift St. Peter ein und unterrichten bald sämtliche theologische und philosophische Fächer an der Universität. Daneben entfalten sie eine rege Publikationstätigkeit: Franz übersetzt Werke aus dem Französischen und Italienischen, Joseph beschäftigt sich mit Geschichtsprophetie, und Paul verfasst neben der berühmten „Theologia scholastica" eine Geschichte der Hebräer. Ihr gemeinsames und epochales Werk, die „Historia Salisburgensis", wird zudem als Tischlesung im Konvikt der Universität geschätzt. Noch heute erinnert der prachtvolle „Mezgerkelch" im Stift St. Peter an die drei gelehrten Brüder. Auf dem Kelch, einer kostbaren Stiftung ihrer Eltern, funkeln 201 Brillanten, 567 Rubine, fünf Saphire, zehn Smaragde, fünf Hyazinthe und vier Amethyste.

li. Joseph Mezger als Kind, Abtei Michaelbeuern
o. Wappen der Familie Mezger auf dem Mezgerkelch
re. Ferdinand Siegmund Amende (1656–1731), Mezgerkelch, 1699/ 1700, Salzburg, Erzabtei St. Peter

re. Joseph Anton Zwickhl, Monstranz mit Marienstatuette, um 1715, Salzburg, Universitätskirche
li. Maria Immaculata in Stuckglorie, Salzburg, Universitätskirche

OH MARIA HILF! An der Benediktineruniversität gilt der Gottesmutter Maria hohe Verehrung. Studenten erbitten bei Lernschwierigkeiten ihren himmlischen Beistand. Besonders in den Künsten wird die Marienverehrung deutlich: Thesenblätter und Theaterstücke nehmen oft auf Maria Bezug. Im Sacellum und in der Großen Aula sind die Geheimnisse des Rosenkranzes dargestellt, in der Wallfahrtskirche Maria Plain wird das berühmte Gnadenbild verehrt, zu dem die Studenten mehrmals im Jahr pilgern. In der Universitätskirche sieht man die strahlend schöne Immaculata über die Erbsünde triumphieren. Alle Studenten müssen einen Eid auf die Unbefleckte Empfängnis Mariens schwören. Das „Weihe- und Bundeslied des katholischen Universitäts-Vereines in Salzburg an die Unbefleckte Empfängnis Mariens" nach der Melodie des Tiroler Herz-Jesu-Bundeslieds von Ignaz Mitterer wird noch im 19. Jahrhundert gesungen.

li. Kasel mit Darstellung des Todes als Gerippe nach einem Skelettholzschnitt aus „De humani corporis fabrica" des Medizinprofessors Andreas Vesalius in Padua, 1630, Stift Kremsmünster, Sakristei
u. Abgangszeugnis von der medizinisch-chirurgischen Lehranstalt, Privatbesitz

ERSTE HILFE Erzbischof Paris Lodron gründet eine Volluniversität, doch die medizinische Fakultät kann sich mangels Hörern nicht etablieren. In Gesundheitsfragen betreut der Stadtarzt Professoren und Studenten. Er wird auch bei dubiosen Todesfällen gerufen: Ein Student bricht aufgrund seines „Blähhalses" tot zusammen, ein anderer erhängt sich im Glockenturm von Mülln. Unschuldig ist der junge Zillerberg, der seinen Kollegen durch einen „unglücklichen Schuß entleibt"; er wird lediglich zu einem Kirchbußgang nach Lofer verurteilt.

Der in Paris und London ausgebildete Arzt Johann Jakob Hartenkeil leitet eine Hebammenschule an der Universität, die Anfang des 19. Jahrhunderts sogar kurz über eine medizinische Fakultät verfügt. An deren Nachfolgeinstitution, der medizinisch-chirurgischen Lehranstalt, werden Wundärzte bis zum Jahr 1875 ausgebildet.

SELBSTVERTEIDIGUNG Eine wichtige akademische Übung ist die Disputation, in der wissenschaftliche Thesen von einem Kandidaten allein oder von einer Gruppe öffentlich verteidigt werden. Wer es sich leisten kann oder einen reichen Gönner findet, lässt seine Thesen drucken und verteilt sie an ranghohe Zuhörer, Freunde und Bekannte. Die graphisch aufwendig gestalteten Einzelblätter oder mehrseitigen Schriften werden in einer Auflage von 100 bis 300 Exemplaren publiziert. Die Bildsprache der prachtvollen Kupferstiche ist meist komplex und erfordert Kenntnisse über Allegorie und Emblematik, die damals an der Universität vermittelt werden. Die Thesenblätter erlauben außerdem Einblicke in die damalige Unterrichtspraxis. Mit Vorliebe wählen die Studenten genealogische und historische Themen, daneben werden religiöse Bildinhalte bevorzugt. Oft werden die Stiche in Augsburg produziert, dem Hauptzentrum für diese Kunst in Süddeutschland.

li. Ein Student überreicht Erzbischof Guidobald Graf von Thun seine an der Universität verteidigten Thesen, UBS
re. Salzburger Thesenblatt mit dem Gnadenbild von Maria Plain und dem Porträtmedaillon des Erzbischofs Firmian, 1733, Stiftsbibliothek Kremsmünster

MADAME TUSSAUDS Dominikus Beck, Professor für Mathematik und Experimentalphysik in Salzburg, genießt als Mitglied der Akademien von Löwen, München, Rovereto und Halle an der Saale hohes Ansehen. Er lässt den ersten Blitzableiter Salzburgs auf das Schloss Mirabell setzen und wird vom Erzbischof des Öfteren beauftragt, „Wassergebäude und Maschinen zu errichten oder zu verbessern". Während eines Besuchs beim Abt von St. Peter bricht er mit den Worten „Mich trifft der Schlag!" zusammen. Riechsalz, Aderlass, Klistier – alles vergeblich! Der Professor stirbt, „ohne ein vernünftiges Zeichen von sich zu geben". Der Abt lässt für das „Museum Mathematicum" der Universität eine Wachsbüste des Gelehrten anfertigen. Doch dessen eifersüchtige Kollegen lehnen es ab, sein Bildnis „in das Museum zu stellen, mit dem Ausdruck: wenn diesem ein Monument sollte gesetzet werden, was müßte anderen geschehen?"

o. Titelkupfer aus Dominikus Beck, Kurzer Entwurf der Lehre von der Elektricität, 1787, UBS
u. Bartholomäus Lömminger, Wachsbüste von P. Dominikus Beck OSB, 1791, Erzabtei St. Peter

WIE DER BLITZ! Das kürzeste Studium aller Zeiten absolviert an der Universität Salzburg 1733 der tschechische Prämonstratenser-Chorherr Prokop Diviš: Für Inskription, Rigorosum und Promotion benötigt er nur einen einzigen Tag!
Wenig später übernimmt Diviš die Klosterpfarre Přímětice bei Znaim in Mähren und beginnt seine physikalischen Experimente. Die Phänomene der Elektrizität interessieren ihn besonders. Er untersucht ihre Auswirkung auf Pflanzen und schreibt ihr sogar heilende Wirkung zu.
Bekannt wird Diviš mit der Erfindung eines Blitzableiters, den die Bauern der Umgebung jedoch zerstören, da „sie ihn für die damals auftretende Dürre verantwortlich" machen. Eine weitere Erfindung, der „Denis d'or", ein Tasteninstrument mit 790 Saiten und einem Pedal, imitiert „die Klänge fast aller bekannten Saiten- und Blasinstrumente" und kann dem Spieler „spaßeshalber" einen elektrischen Schlag versetzen.

Promotionseintrag von Prokop Diviš im Fakultätsprotokoll vom 29.8.1733, UAS

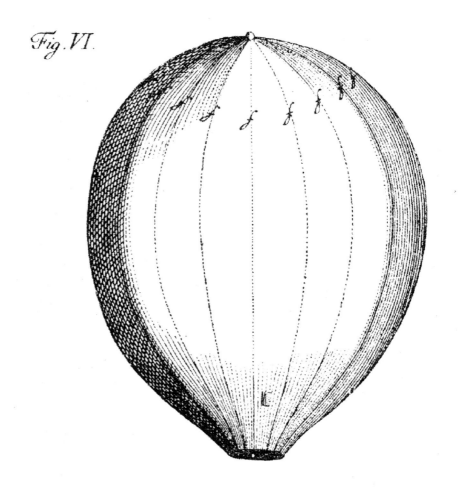

Ulrich Schiegg, Nachricht über einen Aerostatischen Versuch, welcher in dem Reichsstifte Ottobeuren vorgenommen worden den 22. Jenner 1784, Ottobeuren 1784

HOCH HINAUS Der junge Benediktiner Ulrich Schiegg aus Ottobeuren lässt Anfang 1784, nur drei Monate nach den Gebrüdern Montgolfier, unter großem Aufsehen den ersten deutschen Heißluftballon steigen.
An die Universität Salzburg berufen, lehrt er Mathematik, Physik, Astronomie und Landwirtschaftskunde. Er liefert „den besten Beweis von dem praktischen Werthe" seiner Vorlesungen mit einem System zur Holzersparnis bei Bräupfannen, Waschkesseln und Salzsudwerken. Schiegg nimmt 1800 an der vielbeachteten Erstbesteigung des Großglockners teil, ermittelt dessen Höhe und den Siedepunkt von Wasser auf der Hohenwart-Scharte (3.281 m), der bei 92° C liegt. Nach der Aufhebung seines Klosters wird er mit der Vermessung bayerischer Provinzen in Franken betraut. Als scheuende Pferde seine Kutsche umstürzen, wird er von seinem Instrumentenkasten fast erdrückt. Die schweren Verletzungen führen 1810 zu seinem frühen Tod.

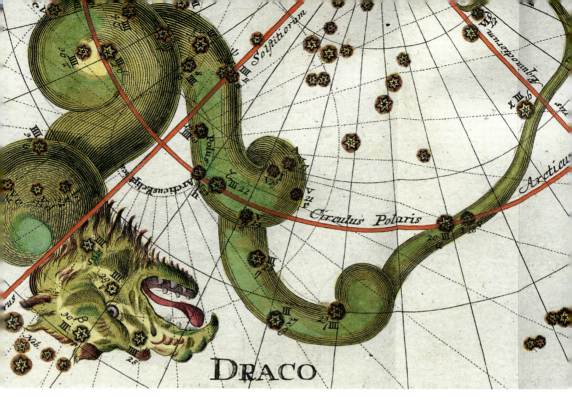

BLICK IN DIE STERNE Im 17. Jahrhundert sind Astronomie und Astrologie eng verwoben. Mit einem vom Hofastronomen Tycho Brahe gefälschten Horoskop versucht Erzbischof Wolf Dietrich die Politik des Kaisers zu beeinflussen. Noch ein halbes Jahrhundert später erstellt Universitätsprofessor Philibert Utz auf Anfrage Horoskope. Auch sucht er nach dem Stein der Weisen, der Abt seines Heimatklosters Melk spornt ihn an: „Gold verlange ich nicht, ich werde mit dem geschaffenen Silbergeld zufrieden sein!" Doch Utz findet „nur" Rezepte zur Herstellung von Tinte, Farben und Medikamenten.

Der Benediktinerprofessor Corbinian Thomas reüssiert 1730 mit seinem „Firmamentum Firmianum". Auf 83 kolorierten Kupfertafeln präsentiert er den Himmelsglobus zu Ehren des Erzbischofs Firmian. Oft vergisst der beliebte Professor sein Redemanuskript – „und doch wusste er jedesmal unter allgemeiner Anerkennung zu einem glücklichen Ende zu kommen".

Sternbilder und Himmelsglobus aus dem Firmamentum Firmianum von Corbinian Thomas, 1730, UBS

LATERNA MAGICA   Der Benediktinerprofessor Anselm Desing besitzt „die seltene Gabe, die Jugend für die Wissenschaften zu begeistern". Er zeichnet Karten, konstruiert Globen, entzückt die Studenten vor allem mit seiner Laterna magica: In diesem Guckkasten sind die „merkwürdigsten Sachen von Anfang der Welt" zu sehen, „die gantze Histori als wie ein Bild oder Comoedia".

Freundschaftliche Beziehungen pflegt Desing mit dem Stift Kremsmünster. Dort wird die Sternwarte als „erster Wolkenkratzer Oberösterreichs" nach seinem Entwurf gebaut. Das Modell dafür wandert mehrmals zwischen Salzburg und Kremsmünster hin und her, um „notwendig gewordene Abänderungen zu beraten".

Später tritt Desing in fürstliche Dienste, reist nach Rom und wird zuletzt Abt des Klosters Ensdorf. Seine Hoffnung, „mit der Feder in der Hand sein Leben auszuhauchen", geht beinahe in Erfüllung: Er stirbt 1772 in einem Sessel sitzend im Kreis seiner Mitbrüder.

li. Laterna magica, Physikalisches Kabinett der Sternwarte
re. Das in einzelne Stockwerke zerlegbare Modell der Sternwarte Kremsmünster

o. Kokarde der Französischen Revolution
re. Rektor P. Corbinian Gärtner OSB (?),
Salzburg, Erzabtei St. Peter

DABEI SEIN IST ALLES   Paris, im Juli 1789. Nahe dem Konvent der Cordeliers, in dem die „Gesellschaft der Menschenrechte" gegründet wird, wohnt ein junger Salzburger Benediktiner aus St. Peter: Corbinian Gärtner, der von seiner Studienreise „als ein kleiner Gott zurückkehren" soll. Doch vor den Erfolg haben die Götter den Schweiß gesetzt: Nächtelanges Studium, Hunger und Kälte sind der Preis für eine Ausbildung, die nur Wenigen zuteil wird. Dann der Ausbruch der Revolution! Mit eingeflochtenem Haar, um die Tonsur zu verbergen, und in weltlicher Kleidung, flüchtet er aus Paris. In Salzburg wird er später Professor und Rektor. Aus seinem umfangreichen Nachlass in Salzburg ragt ein Kleinod als Zeugnis seiner Anwesenheit in einer „Sternstunde der Menschheit" hervor: Die Kokarde der Französischen Revolution vermittelt einen Hauch von Weltgeschichte.

o. Franz Xaver König, Abt Amand Pachler erhält von Erzbischof Guidobald die Erlaubnis zum Bau des Klostertrakts, 1757, Salzburg, Stiftskirche St. Peter, südliche Mittelschiffwand
re. Fr. Thiemo Sing OSB (1639-1666), St. Peter von Süden mit dem noch offenen Domplatz und den unvollendeten Domtürmen, in der Mitte das Hofbogengebäude, von wo aus der Abt seinen Bauplan erklären muss, Erzabtei St. Peter

NOTPLAN Er ist Machtpolitiker, Kunstmäzen und trinkfest: Erzbischof Guidobald Graf Thun leert zum Erstaunen der Königin Christine von Schweden ein Fass Wein, ohne betrunken zu werden. Bei seinem Regierungsantritt ist der Domplatz vom Stift St. Peter durch eine einfache Mauer getrennt. Doch als der Abt das Ausheben tiefer Fundamente bemerkt, platzt die Bombe: Direkt vor den Fenstern des klösterlichen Speisesaals will der Erzbischof einen Galeriebau mit einem Latrinenturm errichten lassen. Dem alarmierten Abt kommt in einer quälend schlaflosen Nacht die rettende Idee: ein zur Residenzfassade symmetrischer Bau, den sich Fürst und Stift teilen. Vom Fenster über den Hofbögen aus erläutert er in der alles entscheidenden Audienz seine Idee. Der Rektor und ein Mathematikprofessor der Universität befürworten als Sachverständige den Bauplan, und der neue Residenztrakt wird errichtet.

P. Bernard Stuart OSB (Entwurf), Jakob Bentele (Ausführung), Astronomische Prunkuhr mit Wappen des Fürsterzbischofs Leopold Anton Eleutherius Freiherrn von Firmian, Gehäuse in Bouelletechnik von Thomas Ableithner, H 116 cm, B 77,5 cm, T 39 cm, 1735, Salzburg, Residenz

UNRUH-STIFTER Der Schotte Bernard Stuart wird im Regensburger Kloster St. Jakob erzogen und tritt dem Benediktinerorden bei. Als Mathematikprofessor nach Salzburg berufen, schlägt 1728 seine große Stunde. Erzbischof Firmian, ein Liebhaber von Astronomie und Architektur, ernennt ihn zum Hofbaudirektor. Er hat Anteil am Bau der Schlösser Kleßheim und Leopoldskron, entwirft den Tabernakel der Kollegienkirche und plant die Missionskirche in Schwarzach. Im Studiengebäude bewohnt er eine Zimmerflucht, die für ihn sogar stuckiert wird. Hier ersinnt Stuart eine Prunkuhr für den Erzbischof. Sie zeigt Datum, Tagesheilige, Sonnen- und Mondfinsternisse und überdies Tag und Nacht für wichtige Städte an. Doch seine Mitarbeiter wähnen sich unverdient im Schatten des Professors. Das gibt Streit, Stuart verlässt Salzburg, lehrt einige Zeit in St. Petersburg und wird schließlich Abt seines Regensburger Heimatklosters.

DIE WELT IN SALZBURG Salzburg verdankt der Universität architektonische Impulse mit Vorbildern aus der ganzen Welt. Der Konvikttrakt des Alten Studiengebäudes erinnert an Mariaberg bei Rorschach in der Schweiz, wo Rektor Alphons Stadlmayr vor seinem Ruf nach Salzburg lehrte. Mit dem Umbau des Toskanatrakts der Residenz und der alten Gewerbeschule am Rudolfskai – die Rustika-Fassade imitiert den Palazzo Pitti in Florenz – wird das Konzept der „Altstadtuniversität" umgesetzt. Der Grundriss des Fakultätsgebäudes für Naturwissenschaften ist inspiriert vom Kloster St. Gallen, der Rundhof von der Villa Farnese in Caprarola und der Alhambra in Granada. Mit Anleihen aus Oxford und Charlottesville sind Stilformen der ältesten und der modernsten Universität integriert. Aktueller Höhepunkt universitärer Bautätigkeit ist der 2012 eröffnete UNIPARK.

li. Der UNIPARK im Nonntal
re. Giacomo Manzù (1908-1991), Bronzestatue des Fürsterzbischofs Paris Grafen von Lodron vor dem Fakultätsgebäude für Naturwissenschaften in Freisaal

KEINE SAUREGURKENZEIT FÜR DIE KUNST An der Universität Salzburg gibt es auch moderne Kunst zu entdecken. Vor der Naturwissenschaftlichen Fakultät in Freisaal lässt der italienische Bildhauer und Zeichner Giacomo Manzù seine eindrucksvolle Bronzestatue des Universitätsgründers Paris Lodron in die Zukunft blicken. Im Hof des Rektorats in der Kapitelgasse erinnert der Georg-Trakl-Brunnen von Toni Schneider-Manzell an den nachdenklichen Salzburger Lyriker: „Oft am Brunnen, wenn es dämmert ..." Einen Kontrast zum barocken Bau setzt der katalanische Künstler Jaume Plensa mit seiner Skulptur „Awilda" im Residenzhof „Dietrichsruh": Wo Erzbischof Wolf Dietrich einst ausspannte, erhebt sich heute der monumentale Kopf eines jungen Mädchens mit karibischen Gesichtszügen. Schließlich stehen Erwin Wurms Plastiken „Gurken" Spalier vor dem Eingang zur Großen Aula.

Paulus Potter (1625-1654), Viehaustrieb am Morgen, 1647, Öl auf Eichenholz, 385 x 500 mm, Residenzgalerie Salzburg

KUNSTSINN Früh verwaist kommt Johann Rudolph Graf Czernin an den Hof des Erzbischofs Colloredo, um an der Benediktineruniversität Salzburg zu studieren. Mozarts Musik lobt er mit „feuerrothem Gesicht und zitternder Stimme". Inspiriert von seinen Bildungsreisen durch Europa lässt er um sein Schloss Schönhof in Böhmen einen weitläufigen Englischen Park anlegen, den sogar Goethe besucht. Er sammelt Gemälde von Rubens, Rembrandt und Vermeer. Sein 17-jähriger Sohn findet 21.000 Gulden für Paulus Potters „Viehaustrieb am Morgen" zu teuer: „Das ist doch viel für ein durchsichtiges Ohr einer Kuh, während man für eine natürliche Kuh, die im Grunde weit schöner ist, höchstens 80 fl. gibt." Spät übernimmt Czernin als Oberstkämmerer die Leitung der kaiserlichen Sammlungen und des Burgtheaters. Er stirbt 88-jährig, bedeutende Gemälde seiner Sammlung sind heute in der Residenzgalerie Salzburg zu sehen.

Nachbau der „Raptologia Neperiana", einer Rechenmaschine von John Neper, dem Erfinder der Logarithmen, von P. Aegidius von Raitenau, Sohn von Erzbischof Wolf Dietrich und Salome Alt, im Astronomischen Kabinett der Sternwarte von Kremsmünster

RECHENMEISTER Das 1653 entstandene Konzept einer Mathematikvorlesung an der Universität Salzburg ist eines der wenigen Dokumente über den Rechenunterricht im 17. Jahrhundert. Der Benediktinerprofessor Philibert Utz beginnt mit den Grundrechenarten, darauf folgen Wurzelziehen, Bruchrechnen und Gleichungen, alles mit praxisorientierten Beispielen: Die Schüler rechnen als Händler Währungen, Maße und Gewichte um oder bestimmen in der Rolle von Heerführern die Truppenstärke. Die Geometrie dient vor allem der Militärarchitektur – man merkt, das Ende des Dreißigjährigen Krieges liegt erst kurz zurück. Schon damals werden Rechenhilfen eingesetzt, wie der barocke „Taschenrechner" eines unehelichen Sohns von Erzbischof Wolf Dietrich in der Sternwarte von Kremsmünster beweist. Multiplikation und Division werden mit Hilfe drehbarer Rechenstäbchen zu Addition und Subtraktion transformiert.

EN VOGUE Porträts junger Studenten sind rar, denn erst am Höhepunkt der Karriere lässt man sich malen. So ist das Bild von Ignaz Stephan Seeauer ein wahrer Schatz, weil es die Kleidung eines Salzburger Studenten im Jahr 1773 zeigt: einen kragenlosen Rock, dessen weite Ärmelaufschläge fast bis zum Ellbogen reichen, darunter eine Weste. Das weiße Hemd läuft in Rüschenärmeln aus, der Kragen ist von einer schwarzen Halsbinde umschlungen. Seeauer trägt zwei gebrannte Haarlocken und einen Zopf mit Masche, unter dem Arm hält er den Dreispitz mit Goldborte. In eleganter Pose weist er auf die Nelke, eine damals beliebte Modepflanze.

Der gebürtige Ischler studiert die Rechte, er ist „sehr gelehrig", doch er liebt die Freiheit. Nie darf man ihn aus den Augen lassen, denn er ist „nur zu bekannt in den Gassen!" Just aus dem freiheitsliebenden Studenten wird ein gestrenger Marktrichter in Hallstatt, der die Kinder abends von den Gassen treibt.

li. Der Rechtsstudent Ignaz Stephan Seeauer, 1773, Privatbesitz
re. Mutter Seeauer trägt ebenfalls Haute Couture.
o. Seeauers Modebewusstsein beginnt bei den Strümpfen.

o. Christophel-Gebet, Handschrift aus dem Franziskanerkloster Salzburg, jetzt PFH
re. Seite mit Beschwörungskreisen aus dieser Handschrift

DER TEUFELSSCHATZ Einige Studenten der Universität beschäftigen sich im Jahr 1708 mit Schwarzer Magie statt mit der hohen Wissenschaft. Ein mysteriöser Hinweis auf einen Schatz lässt sie davon träumen, über Nacht reich zu werden. Beschwörungsriten sollen dabei helfen. Da der hl. Christophorus als „Schatzmeister des Herrn" zu Wohlstand verhelfen kann, wird er im „Christophel-Gebet" angerufen. Das Gebet, in Wahrheit eine komplizierte Zauberformel, zwingt angeblich den Teufel zum Erscheinen und zur Mithilfe bei der Schatzsuche. In dunkler Nacht treffen sich die abergläubischen Studenten in einem Keller, um heimlich „einige Beschwörungskreise mit Spagat zu ziehen". Doch als sie zu graben beginnen, werden sie entdeckt und angezeigt. Auf Knien bitten sie um Gnade. Der Rektor ist nicht gewillt, „diese Missetat ungestraft hingehen zu lassen." Im Studentenkarzer müssen die Schuldigen mehrere Tage bei Wasser und Brot darben.

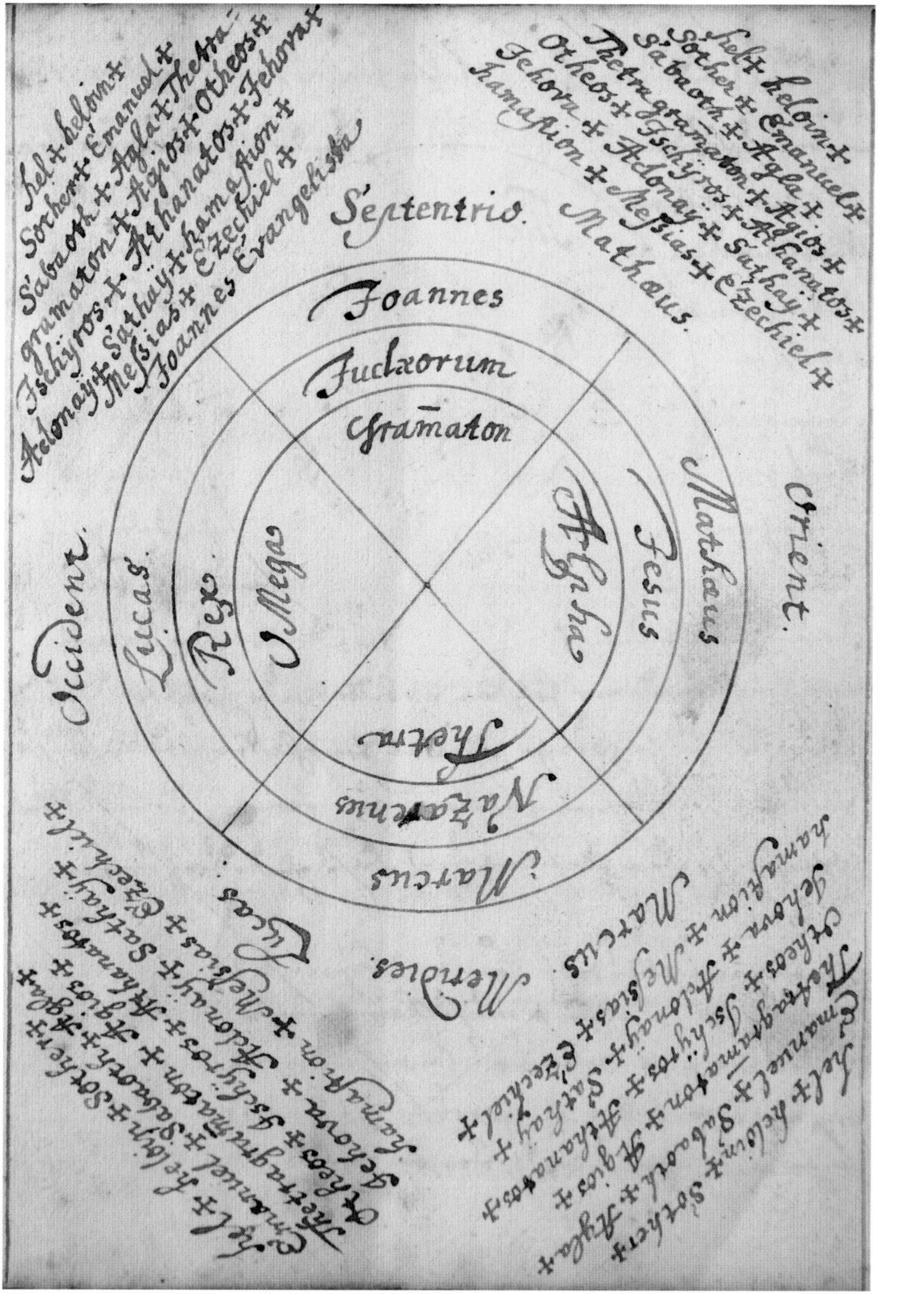

Top-left diagonal (from center outward):
hel + heloim +
Sother + Emanuel +
Sabaoth + Agla + Theta +
gramaton + Agios + Otheos +
Tschyros + Athanatos + Jehova +
Adonay + Sathay + hamasion +
Messias + Ezechiel +
Joannes Evangelista

Top-right diagonal:
hel + heloim +
Sother + Emanuel +
Sabaoth + Agla +
Thetragramaton + Agios +
Otheos + Tschyros + Athanatos +
Jehova + Adonay + Sathay +
hamasion + Messias + Ezechiel +
Mathæus.

Septentrio.

Circle (outer to inner):
- Joannes
- Juckxorum *(Judæorum?)*
- Gramaton
- Alpha — Jesus — Mathæus (right quadrant, Orient)
- Omega — Rex — Lucas (left quadrant, Occident)
- Theta — Nazarenus — Marcus (bottom, Meridies)

Occident. — **Orient.**

Meridies. Marcus.

Bottom-right diagonal:
hel + heloim + Sother +
Emanuel + Sabaoth + Agios + Agla +
Thetragramaton + Agios + Athanatos +
Otheos + Tschyros + Athanatos +
Jehova + Adonay + Messias + Ezechiel +
hamasion + Messias + Ezechiel +

Bottom-left diagonal:
hel + heloim + Sother +
Emanuel + Sabaoth + Agla +
Thetragramaton + Agios + Otheos +
Jehova + Tschyros + Athanatos +
hamasion + Adonay + Sathay + Ezechiel +
Lucas.

SPÄTE REUE   Der Salzburger Student und später angesehene Jurist Christoph Raphael von Eislsberg hat ein schweres Erbe zu tragen. Sein Vater, Verwalter der Ischler Saline, ist das schwarze Schaf der Familie. Er gibt der Bevölkerung mehrfach Anlass, „zu weinen und die Hände ob den Köpfen zusammenzuschlagen." So soll er sich eines Sonntags nachts „mit seinem von Wein continuierlich überhitzten Hirn ins Pfannhaus begeben und in demselben mancherlei Ungesetzlichkeiten verübt" haben. Sein Mausoleum unter der Pfarrkirche von Hallstatt mit den unheimlichen Totenkopfziegeln auf dem Boden zeugt von später Reue. Als Eislsberg 1667 stirbt, hinterlässt er ein kurioses Testament: Alle 50 Jahre soll am Sterbetag sein Sarg aus der Gruft geholt, um die Kirche getragen und auf dem See spazieren gefahren werden! Angeblich wurde dem Wunsch bis ins 19. Jahrhundert entsprochen.

li. Eislsbergsche Gruftkapelle unter der Pfarrkirche von Hallstatt, 1658. Das Altarbild zeigt, wie Maria das „Skapulier" reicht, zwei Stoffvierecke mit Bibelversen, die man auf Brust und Rücken trägt. (siehe Detail re.) Wer mit dem Skapulier bekleidet stirbt, muss das Fegefeuer nicht erleiden. Bei der letzten Gruftöffnung findet man Eislsberg in einem prächtigen Samtgewand mit niederländischer Klöppelspitze, und darunter trägt er tatsächlich das Skapulier.

**THEATER- UND MUSIK
GESCHICHTEN**

BRETTER, DIE DIE WELT BEDEUTEN Weit über Salzburgs Landesgrenzen hinaus strahlt das lateinische Universitätstheater, das sich zum barocken Gesamtkunstwerk aus Sprache, Musik und Tanz entfaltet. Sicheres Auftreten, deutliche Artikulation sowie effektvolle Gestik und Mimik bringt man hier zur Perfektion. Die moralisierende Haupthandlung, meist Antike und Christentum entlehnt, wird von Gesang, Ballett und Pantomime unterbrochen. Dank ausgeklügelter Bühnentechnik wechseln häufig die Kulissen, schweben Engel vom Himmel und springen Teufel aus lodernden Flammen. Verfasst vom „Pater comicus", dem „Theaterpater", wird die Hauptrolle oft mit einem bürgerlichen Hochbegabten besetzt, der in kurzer Zeit große Textmengen in schwierigen Versformen erlernt. Für ihn kann das Theaterspiel zum Karrieresprungbrett werden: die ideale Gelegenheit, sich und sein Können dem anwesenden Landesfürsten zu präsentieren.

Mathias Siller (1710-1787), Maler, Philipp Andreas Degmair (1711-1771), Stecher, Szenenbilder im Salzburger Universitätstheater zur Pantomime „Der Schwätzer und der Leichtgläubige", die im Rahmen von P. Florian Reichssiegels (1735-1793) Theaterstück „Pietas in patriam" am 27.2.1764 zur Aufführung gebracht wurde, Salzburg Museum

P. Thomas Weiss (†1651), Anastasius fortunae pila, terrae piaculum, orci monstrum (Anastasius, Spielball des Glücks, Opfer der Welt, Schaubild der Hölle), UBS

EIN ERSTER SALZBURGER „JEDERMANN" Seit 1920 spielt man den „Jedermann" Hugo von Hofmannnsthals in Salzburg. Doch bereits 1632 wird an der Universität ein Theaterstück mit dem Jedermann-Stoff aufgeführt. Der Name des Protagonisten, so sagt der Verfasser, ist im Lauf der Geschichte verloren gegangen, doch es kann jedermann sein. Er nennt ihn Anastasius, den Auferstandenen, weil er gleichsam der Hölle entrinnt. Anastasius lebt sorglos und verschwenderisch in den Tag hinein. Wohlmeinenden Ratschlägen trotzt er, selbst die Mahnung des Todes beherzigt er nicht. Nur die Verehrung der Muttergottes, sein einziger guter Charakterzug, rettet ihn: Ihre Fürbitte entreißt ihn am Ende den Fängen des Teufels.
Der Autor des Theaterstücks ist der Benediktinerpater Thomas Weiss, in der Titelrolle glänzt der Universitätspedell Wolfgang Braumiller, ein barocker Schauspielstar.

PUBLIKUMSLIEBLING Nur wenig ist über die Salzburger Schauspieler des Barockzeitalters bekannt. Ein Glücksfall also, dass der Name des Hauptdarstellers im „Jedermann-Drama" von 1632 überliefert ist.
Wolfgang Braumiller macht als Student durch sein Schauspieltalent auf sich aufmerksam. Weil man bei den Aufführungen nicht mehr auf ihn verzichten will, wird er zum Pedell der Universität bestellt. Bis zu seinem Tod spielt Braumiller in fast jedem Theaterstück, manchmal bis zu sieben Rollen! Der gefeierte Bühnenstar tritt vor den höchsten Fürsten Europas auf und wird mit Gnadengeldern belohnt. Braumiller heiratet nacheinander zwei reiche, Jahrzehnte ältere Witwen, die ihm ihr Vermögen vermachen. So kann der Pedell einen Hausboden in der Stadt erwerben, den er mit seiner dritten, deutlich jüngeren Ehefrau bewohnt. Noch im Alter von 82 Jahren steht er auf der Bühne, wenige Monate später, im März 1683, stirbt er.

Ein Pedell der Universität Salzburg mit akademischem Zepter aus der Serie der Kostüm- und Trachtenbilder der Kuenburg-Sammlung, ausgehendes 18. Jahrhundert, Privatbesitz

li. Bauinschrift auf dem Kapellhaus mit dem Wappen des Fürsterzbischofs Maximilian Gandolph Grafen von Kuenburg (1622-1687), 1677, Salzburg, Sigmund-Haffner-Gasse Nr. 20
re. Viola d'amore des Salzburger Geigen- und Lautenmachers Jakob Weiss, 1716, Stift Kremsmünster, Instrumentensammlung

BEGABTENFÖRDERUNG Wer in ärmliche Verhältnisse geboren wird, hat im Barockzeitalter nur eine Chance auf höhere Bildung: ein besonderes Talent. Bedürftige, aber musikbegabte Knaben erhalten während der Gymnasialjahre im Kapellhaus (heute: Sigmund-Haffner-Gasse 20) Unterkunft, Kleidung und Verpflegung. Dazu bekommen sie eine umfassende musikalische Ausbildung bei den namhaftesten Hofmusikern: Heinrich Ignaz Franz Biber, Leopold Mozart und Johann Michael Haydn. Im Gegenzug sind die Kapellknaben zur musikalischen Gestaltung der Domliturgie an Sonn- und Feiertagen sowie zur Beteiligung an den Hofkonzerten und den musikdramatischen Aufführungen des Universitätstheaters verpflichtet. Was aber, wenn der Stimmbruch einsetzt? Der jüngere Bruder des Komponisten Adlgasser hat Glück: Er kann mit einem Almosen der Franziskaner den Lebensunterhalt während der letzten Studienjahre bestreiten.

Gottfried Eichler d. Ä. (1677-1759), Zeichner, Jacob Andreas Fridrich d. J. (1714-1779), Stecher, Porträt von Leopold Mozart (1719-1787), aus: Leopold Mozart, Versuch einer gründlichen Violinschule, Augsburg 1756, UBS

BERÜHMTER STUDIENABBRECHER Leopold Mozart, Sohn eines Augsburger Buchbinders, beginnt 1737 in Salzburg mit dem Studium der Philosophie. Das erste Studienjahr schließt er mit dem Bakkalaureat ab – von 54 Kandidaten allerdings nur an 49. Stelle. Danach erlahmt der Studieneifer völlig. Vom Rektor mit dem Vorwurf konfrontiert, die Physikvorlesungen selten besucht und „sich des Namens eines Studenten als unwürdig erwiesen zu haben", beendet er ohne Klagen und Bitten das Studium und macht die Musik zu seinem Beruf. Seine „Violinschule" erreicht bis heute über 1.800 Auflagen.

Der Universität bleibt er verbunden: Sein Sohn Wolfgang Amadeus tanzt 1761 im Alter von fünf Jahren im Universitätstheater. Erst elfjährig komponiert er „Apollo et Hyacinthus" für die Universität und gibt am Aufführungsabend den durch einen Aderlass geschwächten Professoren noch „vorzügliche Proben seiner Kunst auf dem Clavicembalo".

Nachbau des „Pendulum" von Rudolph Ackermann und Joseph Woelfl

DAS PIANODUELL Der Pianist und Komponist Joseph Woelfl wird 1773 als Sohn des Spitalsverwalters in Salzburg geboren. Früh wird die musikalische Begabung des „Verwalter Sepperls", wie ihn die ganze Stadt nennt, entdeckt. Er erhält seine Grundausbildung bei Leopold Mozart, wird ins Kapellhaus aufgenommen und startet nach dreijährigem Studium an der Benediktineruniversität seine Karriere als Pianist und Lehrer in Warschau und Wien. Hier misst er sich mit Ludwig van Beethoven im berühmt gewordenen „Pianoduell". Der Virtuose, der über eine erstaunliche Fingerspannweite verfügt, begibt sich anschließend auf Konzertreise durch Europa, übersiedelt nach Paris und schließlich nach London. Zusammen mit Rudolph Ackermann entwickelt er das „Pendulum", ein Gegenstück zum Metronom. Als erfolgreicher und anerkannter Komponist stirbt Woelfl 1812 in England. Sein wiederentdecktes Œuvre erscheint zu seinem 200. Todestag in einer Gesamtausgabe von 60 Bänden.

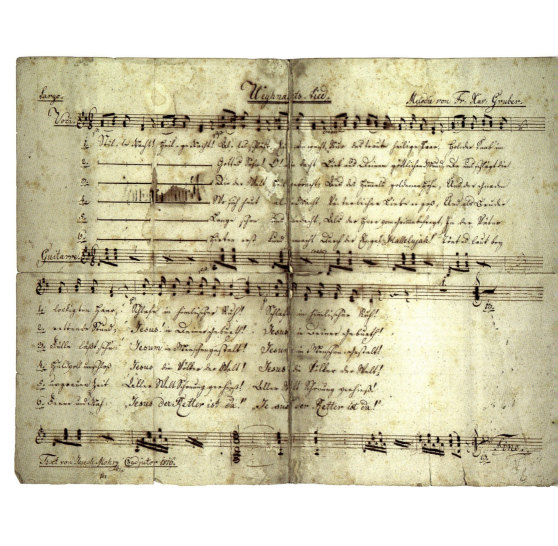

WELTHIT Joseph Mohr wird 1792 in Salzburg als uneheliches Kind geboren. Der Scharfrichter ist sein Taufpate. Ein Domvikar ermöglicht ihm den Besuch des Gymnasiums in Salzburg und Kremsmünster. Am Salzburger Lyceum studiert er Theologie und wird 1815 zum Priester geweiht. Als leutseliger Seelsorger in zahlreichen Pfarrgemeinden liegen ihm eine gute Schulbildung für Kinder sowie die Alten- und Armenpflege besonders am Herzen. Vor Weihnachten des Jahres 1818 bittet er den Volksschullehrer Franz Xaver Gruber, ein von ihm verfasstes Gedicht zu vertonen. „Stille Nacht, heilige Nacht" erklingt erstmals bei der Christmette in der St. Nikola-Kirche von Oberndorf. Das Lied findet rasch Verbreitung, doch die Urheber geraten in Vergessenheit. Als Mohr 1848 stirbt, ahnt er nicht, dass sein Lied fast 200 Jahre später als „Inbegriff des Weihnachtsbrauchtums" zum Immateriellen UNESCO-Kulturerbe erklärt wird.

Stille-Nacht-Autograph: „Weyhnachts=Lied"
von Joseph Mohr, Salzburg Museum

BIBLIOTHEKS
GESCHICHTEN

EINKAUFSLISTE Die Universitätsbibliothek Salzburg wird 1619 mit einer Stiftung des Salzburger Domkapitels begründet: 500 Gulden liegen „zur Bestellung einer Bibliotheca" bereit. Eine erste Einkaufsliste ist im Tagebuch des späteren Rektors Matthäus Weiss erhalten. Als die Bibliothek anwächst, lässt Rektor Alphons Stadlmayr 1658 einen Büchersaal einrichten. Er setzt durch, dass alle universitären Druckwerke an die Bibliothek abgeliefert werden müssen. Unter den Bibliothekaren der Universität ragt der Theaterpater Otto Aicher hervor. Der Lehrer von Abraham a Sancta Clara betreut zudem die erzbischöfliche Hofbibliothek und legt deren ersten Katalog an. Der älteste Katalog der Universitätsbibliothek stammt vom Pedell Mathias Starch aus dem Jahr 1704. Manche Bibliothekare sorgen sich sehr um den Bestand: 1784 schreckt ein „theologischer Cerberus jeden Profanen, ja sogar seine Amts- und Ordens-Brüder" ab!

li. Die erste Einkaufsliste nennt vor allem theologische und philosophische Werke, darunter Heiligenviten, Kommentare zu verschiedenen Ordensregeln, eine Geschichte der Benediktiner in England, eine Sentenzensammlung und ein Buch über die berühmte Medizinschule von Salerno, die aus einem Hospital der Benediktiner hervorgegangen ist, UAS

linke Seite: Der erste Bücherkatalog der Universitätsbibliothek, UBS

VERA EFFIGIES.

ROMANUS MÜLLER SS. TH. D. PRIMUM PRIOR FERVIDUS, DEIN SALISB. S.
SCRIPT. PROFESS. INSIGNIS, CONCIO. CELEBRIS, ORA. GRAVIS, PRO-CANCEL. AC RECTOR
MAGFCUS, TYPO ET LIBRIS PUBLICUS, ARCHI-EP. CONSIL. IN. ELECTUS XIX OCT. M D C
LX V. ABBATUM XLVI. OBIIT XIX IULII M DCLXXI OB SINGULAREM PRUDFTIAM ET DOCTRI
NAM MAGNI HABITUS ETIAM A PRINCIP. ET OPTIME MERITUS DE URSITATE AC URSO OR
DINE. PACIS ERAT. AMANTISS. EXTRUXIT HOC LATUS DORMITORII.

DER BÜCHER-COUP Der Universalgelehrte Christoph Besold ist schon zu Lebzeiten für seine einzigartige Büchersammlung bekannt, die 3.820 wertvolle, zum Teil sogar verbotene Bände umfasst. Nach seinem Tod 1638 bemühen sich der Kurfürst von Bayern und der Präfekt der Vatikanischen Bibliothek um den Bücherschatz. Doch der Coup gelingt einem Dritten: Rektor Roman Müller kann die Bibliothek 1649 für die Benediktineruniversität erwerben und trotz Ausfuhrverbots auf dem Wasserweg nach Salzburg transportieren.

Wegen Unterschlagungen des weltlichen Verwalters der Universität muss Müller drei Jahre später sein Amt niederlegen und wird in Schutzhaft genommen. Nach seiner Freilassung kehrt der Gründer der Rosenkranzbruderschaft und gefragte Verfasser lateinischer Inschriften als Vizerektor zurück. Er wird Freund und Berater des Erzbischofs Guidobald von Thun, der ihn mit Erfolg als Abt seines Heimatklosters Seeon empfiehlt.

li. Rektor Roman Müller ist ein gefeierter Prediger und beliebter Beichtvater der höheren Gesellschaft. Als Verfasser philosophischer Werke wird er sogar mit Seneca verglichen, Kloster Seeon
u. Während seines Studiums am Collegium Germanicum entdeckt der junge Roman Müller in einer römischen Katakombe die Reliquien des hl. Rogatus und bringt sie in die Klosterkirche Seeon.
re.o. Christoph Besold, UBS

IO CHRISTOPHOR, MEZGER
Iuris Consult et Comes Palatinus
S Cæs. Majest Consiliar. Imperio Aulicus &c. post dies
suos ac D. I obsequium edicatos et in Monrio S Petri
oblatos, hanc Bibliothecam aliquot insignium librorum
cujusmodi electorum legato ornavit et auxit.

SPONSORING Schon die Benediktineruniversität muss sich um private Sponsoren bemühen. Als Zeichen des Dankes werden diese auf großformatigen Ölgemälden verewigt, lateinische Bildlegenden sichern ihr Gedenken.

Auch die Bibliothek braucht das Wohlwollen der Mäzene. Neben den Äbten Albert Keuslin von St. Peter und Urban Weber von Admont ist der kaiserliche Reichshofrat Johann Christoph Mezger als großzügiger Spender hervorzuheben, der nach dem Eintritt seiner drei Söhne in das Stift St. Peter der Universität zahlreiche Bücher vermacht. Außerdem stiftet er 2.000 Gulden, damit die Bibliothek von den jährlichen Zinsen neue Literatur anschaffen kann. Er selbst zieht sich mit seiner Frau Maria Elisabeth in das Kloster Michaelbeuern zurück.

Einen bedeutenden Zuwachs an französischer Literatur erhält die Universitätsbibliothek 1768 durch den bibliophilen Konsistorialrat Ignaz Johann Nepomuk Kuchardseck.

li. Der angesehene Jurist Johann Christoph Mezger (1594-1658) wirkt als Regierungsrat in Neuburg an der Donau, Salzburg und Eichstätt, UBS
re. Maria Elisabeth Mezger ist eine Tochter des langjährigen Medizinprofessors Philipp Menzel in Ingolstadt, der auch als Dichter bekannt ist, Abtei Michaelbeuern

BÜCHERNARR Maximilian Gandolph Graf von Kuenburg ist der größte Bücherliebhaber unter den Salzburger Erzbischöfen. Als seine Sammlung aus allen Nähten platzt, lässt er in der Neuen Residenz die nach ihm benannte Hofbibliothek als zweischiffige Säulenhalle errichten.

Der Erzbischof sammelt so ziemlich alles, was der Büchermarkt bietet, oft prachtvoll bebildert – Geld spielt keine Rolle: Himmelsatlanten, Erdbeschreibungen, Tierbücher, zwischendurch Don Quijote und Rübezahl oder Kurioses über Wichtel, Drachenkinder und Elfen, aber auch für einen Erzbischof Unerwartetes: „Kleidungen und Trachten der Weiber" ... vielleicht nur ein Geschenk? Gelbgrau getüncht, mit schimmernden Wappensupralibros versehen sind seine Bücher leicht zu erkennen. Die Nachfolger erweitern die Sammlung stetig. Nach der Säkularisierung des Erzbistums wird die Hofbibliothek 1807 großteils der Universitätsbibliothek einverleibt.

re. Die Max-Gandolph-Bibliothek bot Raum für 20.000 Bücher, öffnete ab 1777 dreimal die Woche und wird heute von der Universität als Veranstaltungsraum genutzt.
li. Das Porträt des flämischen Malers Frans de Neve zeigt den bibliophilen Erzbischof auf seinem Grabdenkmal im Dom lesend.

BÜCHERZWERG Über Generationen studieren Söhne der Adelsfamilie Harrach in Salzburg. Imponierend ihre Karrieren: Gesandter in Spanien, Vizekönig von Neapel, Hofkriegsratspräsident. Franz Anton von Harrach wird der beliebteste Salzburger Erzbischof. An lauen Abenden sitzt er vor der Residenz, um mit den Bürgern zu plaudern. In seinen Büchern unternimmt er weite Reisen: Er erkundet Afrika, besteht Abenteuer mit D'Artagnan und den drei Musketieren, schlemmt mit dem französischen Starkoch La Varenne. Dabei ist Süßes nie fern: Beim Lesen nascht er für sein Leben gern. Kein Zufall, wenn das Erbauungsbuch „Samsonischer Hönigfladen für die schleckige Adamskinder" ihm gewidmet wird. Bis spät in die Nacht liest er im Bett, sein Hofzwerg muss ihm auf einem Schemel stehend mit der Kerze leuchten. Doch eines Nachts ruft der Erzbischof: „Jesus, Maria, Joseph!" Und obwohl der „Zwerg alsogleich Lärmen gemacht", kommt jede Hilfe zu spät.

Frans van Stampart zeigt den Salzburger Hof- und Kammerzwerg Johann Franz von Meichelböck (1695-1746) im „ungarischen Hofkleid", das fast dreimal so teuer war wie das Galakostüm seines erzbischöflichen Brotherrn.

Mit seiner „Retirade" erfüllt sich Erzbischof Franz Anton den Traum vom ganz privaten Rückzugsort in der Residenz. Unter den Porträts seiner Ahnen liest er Zeitungen, raucht genüsslich spanischen Tabak und nascht Schokolade, die er zentnerweise in Mailand bestellt, Privatbesitz

GLOBETROTTER Nach einer abgebrochenen Tischlerlehre besucht Joseph Jakob Fürstaller das Gymnasium in Salzburg, bereist Italien und kommt als Söldner eines Schweizer Regiments bis nach Neapel. Zweimal desertiert er, wird zu Spießrutenlauf und Tod verurteilt, doch auf Fürbitte einer Dame von Stand begnadigt. In Kaprun und Bramberg verdient er seinen Unterhalt als Mesner und Lehrer. Fürstaller eignet sich hervorragende Kenntnisse in Kartographie an, investiert Unsummen in seine Passion und stirbt früh in Armut. Seine Witwe, „in der Hauswirtschaft eine pure Haut und nicht genug verständig", kann die sieben Kinder kaum ernähren, denn außer einer alten Kuh hinterlässt er fast nur Landkarten. Der Erdglobus in der Bibliotheksaula, ein Geschenk des Erzbischofs an die Universität, erinnert noch heute an Fürstaller. Es ist der einzige Globus weltweit, auf dem neben den großen Metropolen auch Bramberg zu finden ist!

re. Der Fürstaller-Globus ist um 1770 entstanden, sein Durchmesser beträgt 116 cm. Die Erdkugel ist aus Lindenholz gefertigt, innen hohl, mit Ölfarbe bemalt. Neben Ländern, Orten und Gewässern sind auch die Seerouten von Columbus, Magellan und Drake eingezeichnet.
diese Seite: Bramberg, Detail aus dem Fürstaller-Globus

DIE ENTFÜHRTE PÄPSTIN Durch Napoleonische Kriege, Säkularisierung und Herrscherwechsel verliert Salzburg viele Kunstschätze. Wertvolle Handschriften, Inkunabeln und Bücherprachtwerke werden nach Paris, München und Wien geschafft. So auch ein frühes Manuskript über die legendäre Päpstin Johanna. Die Legende erzählt von einer hochbegabten jungen Frau, die als Mann verkleidet ihren Wissensdurst zu stillen weiß. Aufgrund ihres Studieneifers und ihrer außergewöhnlichen Gelehrsamkeit wird sie schließlich unerkannt zum Papst gewählt. Doch als sie sich verliebt und schwanger wird, endet ihr Pontifikat in der skandalösen Niederkunft auf offener Straße inmitten von Rom.
Der letzte Rektor der Benediktineruniversität Corbinian Gärtner trauert der kostbaren Fracht aus der erzbischöflichen Hofbibliothek nach, kann man doch solche „Denkmäler am besten auf dem Platz beurtheilen und benutzen", wo sie gesammelt wurden. Die Restbestände der Hofbibliothek, in der zum Glück beim Abtransport manch Kleinod übersehen wurde, schenkt der Kaiser 1807 der Universität. Darunter befindet sich eine kostbare Papierhandschrift, deren Buchmalerei den Stellenwert der Sieben Freien Künste im 15. Jahrhundert illustriert: Ihre Personifizierungen schieben und ziehen den Wagen der über allem thronenden Theologie.

Die Freien Künste mit der thronenden Theologie, Papierhandschrift aus dem Bodenseeraum, 2. Viertel des 15. Jahrhunderts, UBS

Wie sich die heilige drivaltikeit sus in allen creaturen nach wircklinge spreit
die heilige gesthrifft uns daz seit ¶ Theoloyia die vil wise Und wie in der
megde hertze das wort sich fleisch alle manes mertze·· Er hat geheilet der
sunders smertze·· Als du schribet peter von Parise ¶

Schmuckseite des Wenzelspsalters, dessen Auftraggeber, König Wenzel IV. von Böhmen, den hl. Johannes Nepomuk ertränken ließ, weil er der Legende nach das Beichtgeheimnis der Königin wahrte und dem eifersüchtigen König das Bekenntnis seiner Frau nicht verriet, UBS

Auch wenn Wasser- und Feuerschäden, Bücherwurm und Mäusefraß heute in der Universitätsbibliothek nicht mehr vorkommen, sind die Spuren unsachgemäßer Lagerung in der Vergangenheit nicht zu übersehen. Restaurierungsmaßnahmen sind dringend notwendig!

FORT KNOX Der Angehörige eines Bettelordens ziert das wertvollste Buch der Universitätsbibliothek: Der Franziskaner Nikolaus von Lyra ist beim Verfassen seines Psalmenkommentars zu sehen, der – trotz des Übersetzungsverbots von lateinischen Bibeltexten – in deutscher Sprache vorliegt. Der Kodex entsteht im Auftrag des Böhmenkönigs Wenzel IV. um 1395. Die prachtvoll illuminierte Schmuckseite zeigt ein Bademädchen mit Zuber sowie Eisvogel und Liebesknoten. Ein Schatz wie dieser bedeutet Verantwortung: Beachtliche Summen werden in Bestandserhaltung und Restaurierung investiert. Die Meisterwerke lagern im Sicherheitsmagazin bei konstantem Raumklima. Nur mit speziellem Kurierdienst dürfen die hoch versicherten Exponate die Reise in die renommiertesten Museen der Welt antreten. Kostbarkeiten aus der Bibliothek waren bereits im Louvre in Paris und im Metropolitan Museum in New York ausgestellt.

li. "Palastfassade" in der Franziskanerkirche: Hinter den beiden oberen Fenstern befindet sich das Wolf-Dietrich-Oratorium mit dem rechts gezeigten Deckengewölbe.
re. Die Herabkunft des hl. Geistes mit Eremiten-Darstellungen nach Vorlagen von Maarten de Vos und Landschaftshintergründen nach Paul Bril. Einsiedler und Mönche verkörpern eine neue Kirche des Geistes. Die Rollwerkkartuschen sind von federgekrönten Häuptern flankiert, denn das endzeitliche Reich wurde unter den Azteken lokalisiert. Salzburg, Franziskanerkloster, östliches Deckengewölbe des Wolf-Dietrich-Oratoriums

DAS WELTBILD EINES KIRCHENFÜRSTEN Die Bücher des Erzbischofs Wolf Dietrich von Raitenau verraten einiges über das Weltbild ihres Besitzers. Zu seinem Weihbischof ernennt der Raitenauer den Franziskaner Lorenzo Mongiò, Großneffe Pietro Galatinos, von dem Michelangelo viele Anregungen für das ikonographische Programm der Sixtinischen Kapelle erhielt. In dessen Werk liest Wolf Dietrich von den Visionen des Joachim von Fiore, der ein Reich des heiligen Geistes vorhersieht, in dem Liebe und Freiheit herrschen. Die hehre Geisteswelt hat jedoch bei Wolf Dietrich auch einen zutiefst irdischen Aspekt: Vergeblich ersehnt der Erzbischof, die Verbindung mit seiner Gefährtin Salome Alt und die 15 gemeinsamen Kinder legitimieren zu können. Er hofft, die Priesterehe sei nur eine Frage der Zeit. Wie verführerisch, in die Ideenwelt joachitischer Geschichtsprophetie zu entfliehen, die eine reine Geisteskirche ohne Sakramente und ohne Klerus verkündet: für Wolf Dietrich die Zukunft der Kirche.

DAS GEHEIMNIS VON LA ROCHELLE Die Universitätsbibliothek besitzt eine Graphiksammlung, deren Blätter zum Teil aus „Klebebänden" stammen: Handzeichnungen und Kupferstiche waren in Alben geklebt, die in den 1930er Jahren zerlegt wurden. Darunter befand sich ein Band mit erlesenen Städtebildern, die von italienischen und niederländischen Künstlern stammen. Neben Schlachten, antiken Ruinen und Wallfahrtsstätten sind Volksbräuche wie das Pferderennen in Siena zu sehen. Familiäre Bezüge, Widmungen und persönlicher Aufenthalt lassen Wolf Dietrich von Raitenau als Sammler dieser Blätter vermuten: nicht zuletzt ein Stich und eine Handzeichnung von La Rochelle, denn der Erzbischof besitzt von Frankreichs berühmtester Seefestung sogar ein Modell. Hier offenbart sich seine heimliche Leidenschaft: Die Eltern hätten ihn, so schreibt er klagend, „der Kirchen Gottes aufgeopfert", obwohl er zum „Kriegswesen große Neigung und Lust getragen" habe.

Der Zeichner und seine Reisegefährten, Detail aus der Federzeichnung von Salins-les-Bains, um 1580, UBS

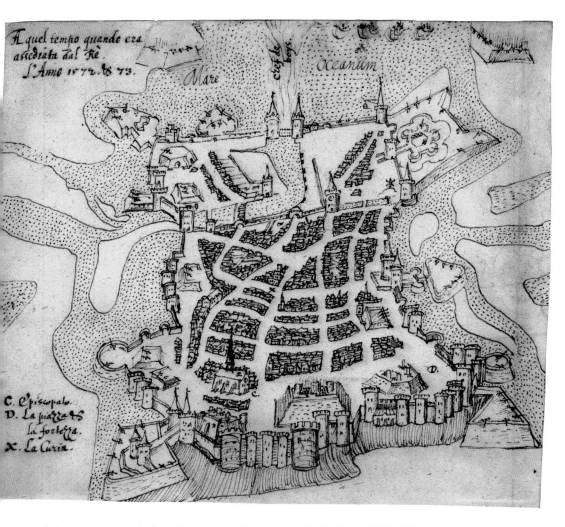

Federzeichnung von La Rochelle aus dem Klebeband der Städtebilder, 1573, UBS

NEAPOLITANVS.

Inclyta Parthenope, et similes Campania felix
Fundit equos, bellis aptos, et fortibus armis,

Nec non et rastris glebas perfringere inertes
Et perferre grauis gaudentes pondus aratri.

o. Neapolitaner mit Blick auf die Bucht von Neapel, aus der Stichfolge „Equile Ioannis Austriaci" von Jan van der Straet und Philipp Galle; das Buch trägt das Wappensupralibros von Wolf Dietrich, UBS
re. Don Juan d'Austria im Deckenstuck der Neuen Residenz. Der uneheliche Sohn Kaiser Karls V. und der Regensburger Bürgerstochter Barbara Blomberg wird 1571 durch seinen glänzenden Seesieg über die Türken bei Lepanto zum heldenhaften Idol seiner Zeit.

DER PERLENFISCHER Bücher und Graphiken geben Aufschluss über den Kunstgeschmack Wolf Dietrichs und zeugen von brillanter Kennerschaft bei Planung und Auswahl: Kupferstiche von Hans Vredeman de Vries inspirieren zu den Groteskenmalereien der Sala terrena. Daneben besitzt der Erzbischof den Kunsttraktat des erblindeten Mailänder Malers Giovanni Paolo Lomazzo mit den berühmten Anweisungen zur Wiedergabe von Schlachten. Der Pferdeliebhaber lässt den Hofmarstall, das heutige Festspielhaus, erbauen und erfreut sich an Jan van der Straets Stichfolge edelster Pferderassen aus dem Gestüt des Don Juan d'Austria. Ihn lässt er im Deckenstuck der Neuen Residenz verewigen. So wird mit Recht der Kunstverstand des Raitenauers gewürdigt, dem es gelang, in der Zeit des Übergangs zwischen Renaissance und Barock „Perlen zu fischen, die bei weitem nicht so leicht zu finden waren, wie in den viel ergiebigeren Epochen vor und nach ihm".

Jacopo Palma, gen. il Giovane (um 1548-1628), Entwurf zum Paradies, Bisterfederzeichnung, UBS

Franziskanerkloster, ehem. Hoforatorium, heute Klosterbibliothek

DAS VERLORENE PARADIES Zu den wertvollsten Handzeichnungen der Universitätsbibliothek zählen die Entwürfe für das „Jüngste Gericht" und die „Erstürmung Konstantinopels" des Malers Palma il Giovane im Dogenpalast von Venedig. Unausgeführt bleiben seine Entwürfe für das „Paradies" im Saal des Großen Rats, weil er im Malerwettstreit Tintoretto unterliegt. Wie aber kommen all diese Zeichnungen nach Salzburg? Vieles deutet auf Wolf Dietrich: Er ist Widmungsträger eines Venedig-Führers und lädt die venezianische Dommusikkapelle zu sich nach Salzburg ein. Mit dem „Hoforatorium", dem heute weiß getünchten Bibliotheksraum der Franziskaner, lässt er einen großartigen Sakralraum schaffen, der ehemals überaus prachtvoll ausgemalt war und „Im Paradies" genannt wurde. Fanden die in Venedig verschmähten Skizzenblätter „Il Paradiso" als Inspiration für das Salzburger Hoforatorium Verwendung?

Jacopo Palma, gen. il Giovane (um 1548-1628),
Entwurf zum Jüngsten Gericht, Bisterfederzeichnung, UBS

MALERAKADEMIE Der kunstsinnige Erzbischof Colloredo ruft 1784 eine „Malerakademie" ins Leben, in der unentgeltlich Zeichenunterricht gegeben wird: „Geschicklichkeit im Zeichnen" ist „bei einer feineren Erziehung" wünschenswert und erleichtert das Erlernen vieler Berufe! Der Unterricht findet zunächst im Ritzerbogenhaus statt, nach 1804 im Alten Studiengebäude. Als Anschauungsmaterial für die Schüler dienten wohl sechs großformatige Klebebände, die den Titel „Malerakademie" trugen und Anfang der 1930er Jahre wieder in Einzelblätter zerlegt wurden. Neben Zeichnungen von Meisterhand, wie Paolo Veroneses Skizzenblatt zu „Rahel am Brunnen", finden sich Studien nach berühmten römischen Künstlern, die neue Aspekte des Salzburger Kunstgeschmacks und Kulturtransfers dokumentieren. Die Handzeichnungen und Druckgraphiken der Klebebände sind heute kostbarer Bestandteil der Universitätsbibliothek.

re. Paolo Caliari, gen. Veronese (1528-1588), Rahel am Brunnen, Bisterfeder- und Pinselzeichnung, UBS
u. Dreifaltigkeit nach Giovanni Lanfranco, Kreidezeichnung, UBS

TALENTSCHMIEDE Die Accademia di San Luca in Rom ist seit Beginn des 17. Jahrhunderts die berühmteste Künstlerschule: Fast zweihundert Jahre prägt sie den Kunstgeschmack Europas. Viele Zeichnungen im Besitz der Universitätsbibliothek sind an der Accademia entstanden und zeigen, wovon Salzburgs Kunstwerke inspiriert sind. Man schult sich an antiken Bildwerken wie dem Torso Belvedere, dem Herkules Farnese oder dem Borghesischen Fechter, übt an Aktmodellen und prüft sich im Kopieren von Meisterwerken. Besonderes Interesse gilt der Kirche Sant'Agostino in Rom. Die Salzburger Skizzenblätter zeigen das erste barocke Kuppelfresko von Giovanni Lanfranco, daneben den hl. Eremiten Paulus auf einem Altarblatt Guercinos. Diesem zu seiner Zeit berühmten Maler drückt sogar Königin Christine von Schweden die Hand mit den bewundernden Worten: „Ich freue mich eine Hand zu halten, die solche Schönheiten hervorbringen kann."

li. Hl. Paulus, der Eremit, Kreidezeichnung, UBS
u. Francesco Barbieri da Cento, gen. Guercino (1591-1666), Hl. Augustinus mit Johannes dem Täufer und Paulus dem Eremiten, 1636, Rom, Sant'Agostino, Cappella di S. Agostino

KEIN GELD FÜR MARIE ANTOINETTE! Der Direktor der Studienbibliothek Ernst Frisch freut sich über die Besuche von Erfolgsautor Stefan Zweig, der zu den „wenigen Gönnern" zählt, die ihre Werke der Bibliothek schenken. Weil die Leser 1932 so fleißig nach Zweigs „Marie Antoinette" fragen, bittet er den Schriftsteller „rettend einzugreifen", da „unsere Dotation durch Anschaffungen auf streng wissenschaftlichem Gebiet vollkommen aufgefressen" ist. Als Zweig vor den Nationalsozialisten aus Salzburg flieht, schenkt er der Bibliothek weitere Bücher. Frisch bedankt sich: Die „Vermehrung unserer Bibliotheksbestände wirkt ungemein appetitanregend, wenn nur nicht die Freude daran durch das Bewusstsein vergällt würde, dass wir Sie nun endgültig verlieren". Frisch soll noch weitere Bücher erhalten, doch als er ablehnt, weil die Buchbestände angeblich bereits von Händlern dezimiert wurden, ist das Verhältnis nachhaltig getrübt.

li. Ernst Frisch, Leiter der Studienbibliothek, 1929, UBS
re. Erfolgsautor Stefan Zweig

GENIUS LOCI Auf dem Areal des heutigen Studiengebäudes erhebt sich im ersten und zweiten nachchristlichen Jahrhundert ein ausgedehntes Handwerksviertel der Römerstadt Iuvavum. Hier wird Bronze gegossen und Eisen geschmolzen, wenige Schritte weiter schnitzt man beinerne Messergriffe und stellt kleine Parfumfläschchen her. Ein Haus ist sogar mit Fußbodenheizung ausgestattet. Als in den 1970er Jahren der dreistöckige Tiefspeicher der Hauptbibliothek ausgehoben wird, bringen archäologische Grabungen einen besonderen Fund zutage: die Bronzestatuette des Genius loci, einer Schutzgottheit der versunkenen Stadt, die nach einer Brandkatastrophe wohl in den Wirren der Markomanneneinfälle zerstört wurde. Umbauarbeiten und Bücherspeicher werden im Jahr 1975 vollendet. Die Hauptbibliothek bietet seither Speicherraum für 1,2 Millionen Bände. Die Baukosten belaufen sich auf 84 Millionen Schilling, das sind ca. 6 Millionen Euro.

Bronzestatuette einer Schutzgottheit (Genius loci) gefunden bei den Grabungsarbeiten für den Bücherspeicher der Hauptbibliothek, 1. Hälfte des 2. Jahrhunderts n.Chr., H 13,6 cm, Salzburg Museum

ABENTEUER IM KOPF In der Universitätsbibliothek sind alle Wissenshungrigen willkommen. Hightech und Komfort bieten alle Bibliotheksstandorte: in den modernen Fakultätsgebäuden im trendigen Ambiente, in den Lesesälen der Altstadt mit historischem Flair. Studieren wie ein Erzbischof kann man in der Landkartengalerie, in der sich Wolf Dietrich seinen Traum von der ganzen Welt in einem einzigen Raum erfüllte. Dahinter liegt das Jahreszeiten-Zimmer, ausgemalt nach niederländischen Kupferstichvorlagen. Die pittoreske Wappenreihe der Salzburger Domherren lässt sich im Firmian-Salm-Haus bewundern. Zu großen Auftritten und spannenden Veranstaltungen lädt die Bibliotheksaula ein, der ehemalige kleine Theatersaal der Benediktineruniversität. Nur wenige Schritte weiter wird ein Fenster ins Jenseits geöffnet: Die Hauptbibliothek gibt den Blick auf das Sacellum frei, eine barocke Nekropole mit Sitz- und Herzgruft.

re. Die Landkartengalerie in der Salzburger Residenz ließ Wolf Dietrich nach dem Vorbild des Kartensaals seines Großonkels Pius IV. im Vatikan gestalten.
li. Die Universitätsbibliothek in der Hofstallgasse

BIBLIOTHEK FÜR ALLE Die Universitätsbibliothek hält als größte wissenschaftliche Bibliothek des Landes Salzburg ein umfangreiches Medienangebot bereit. Laufend Neuzugänge und über 40.000 Entlehnungen pro Jahr erfordern täglich logistische Spitzenleistungen. Den Transport der Druckwerke aus dem Tiefspeicher der Hauptbibliothek erledigt eine Buchförderanlage.

Lebenslanges Lernen ist ein Motto unserer Zeit! Bibliotheken leisten dazu einen wichtigen Beitrag, deshalb finden kontinuierlich Schulungen und Führungen für Studierende, Forschende und wissbegierige Gäste statt.

Einmal im Jahr wird die Universitätsbibliothek zum Museum: In der „Langen Nacht der Museen" können zu wechselnden Themen Kostbarkeiten aus tausend Jahren sowie interessante Einrichtungen des Hauses besichtigt werden. Ein erster Schritt, die Schwellenangst zu überwinden und in Zukunft die Bibliothek zu benutzen – denn unsere Bücher sind für alle da!

Buchförderanlage in der Hauptbibliothek

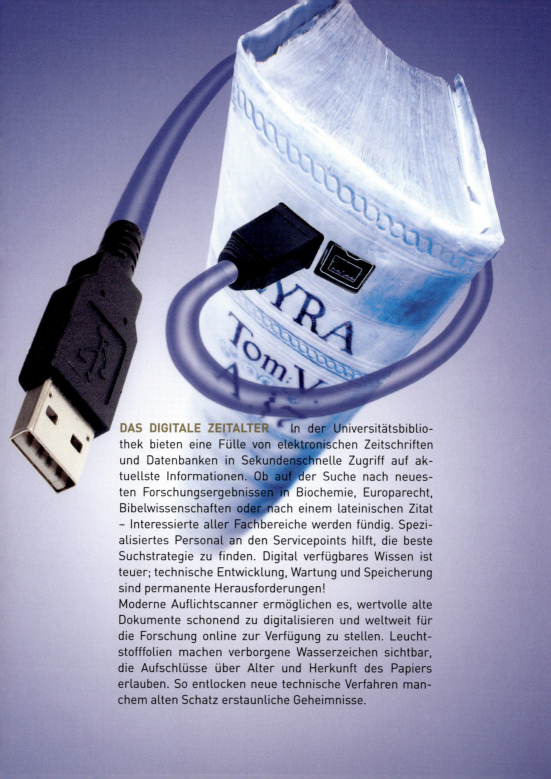

DAS DIGITALE ZEITALTER In der Universitätsbibliothek bieten eine Fülle von elektronischen Zeitschriften und Datenbanken in Sekundenschnelle Zugriff auf aktuellste Informationen. Ob auf der Suche nach neuesten Forschungsergebnissen in Biochemie, Europarecht, Bibelwissenschaften oder nach einem lateinischen Zitat – Interessierte aller Fachbereiche werden fündig. Spezialisiertes Personal an den Servicepoints hilft, die beste Suchstrategie zu finden. Digital verfügbares Wissen ist teuer; technische Entwicklung, Wartung und Speicherung sind permanente Herausforderungen!
Moderne Auflichtscanner ermöglichen es, wertvolle alte Dokumente schonend zu digitalisieren und weltweit für die Forschung online zur Verfügung zu stellen. Leuchtstofffolien machen verborgene Wasserzeichen sichtbar, die Aufschlüsse über Alter und Herkunft des Papiers erlauben. So entlocken neue technische Verfahren manchem alten Schatz erstaunliche Geheimnisse.

ZEITTAFEL 1617–1962

1617 Erzbischof Marcus Sitticus Graf Hohenems gründet mit Hilfe des Benediktinerordens ein Akademisches Gymnasium
1618 Mit dem Bau des Studiengebäudes wird begonnen
1622/1625 Erzbischof Paris Graf Lodron erreicht die Erhebung des Gymnasiums zur Universität
1675 Erzbischof Max Gandolph Graf Kuenburg übergibt der Universität den Wallfahrtsort Maria Plain
1707 Die Universitätskirche wird eingeweiht
1767 Mozart komponiert seine erste Oper „Apollo et Hyacinthus" für die Universität
1810 Die Universität wird aufgelöst
1810–1850 Ein Lyzeum (philosophisch-theologische und medizinisch-chirurgische Lehranstalt) wird eingerichtet
1850–1938 Die Theologische Lehranstalt wird als Fakultät in den Hochschulrang erhoben
1938–1945 In der Zeit des Nationalsozialismus wird die Theologische Fakultät aufgehoben
1945 Die Theologische Fakultät wird wiedererrichtet
1962 Die Universität Salzburg wird wiedergegründet

Franz Ferdinand Mötl, Kutschenuhr, Mitte 18. Jahrhundert, Stift Kremsmünster, Kunstsammlungen

ZEITTAFEL 1962–2012

1962 Wiedergründung der Universität Salzburg
1964 Die Universität erhält zu Ehren von Paris Lodron den Namen „Alma mater Paridiana." Noch im selben Jahr wird der Studienbetrieb an der Philosophischen Fakultät aufgenommen
1965 Die Angliederung einer „Rechts- und Staatswissenschaftlichen Fakultät" wird beschlossen
1974 Die Universität erhält vom Landesarchiv die Akten der Benediktineruniversität; Gründung des Universitätsarchivs
1975 Die Philosophische Fakultät wird in eine Geisteswissenschaftliche und eine Naturwissenschaftliche Fakultät geteilt
1986 Der Neubau für die Naturwissenschaftliche Fakultät in Freisaal wird eröffnet
1989 Teile der Geisteswissenschaftlichen Fakultät ziehen in das Gebäude der ehemaligen Gewerbeschule am Rudolfskai
1992/93 Die Rechtswissenschaftliche Fakultät übernimmt den Toskanatrakt der Residenz
2011 Der UNIPARK (Teile der Kultur- und Gesellschaftswissenschaftlichen Fakultät) im Nonntal wird eröffnet

QUELLEN- UND LITERATURVERZEICHNIS

Abkürzungen
Archiv der Erzabtei St. Peter (ASP)
Allgemeines Verwaltungsarchiv, Wien (AVA)
Bibliothek der Franziskaner in Salzburg (BFS)
Provinzarchiv der Franziskaner in Hall / Tirol (PFH)
Österreichisches Staatsarchiv (ÖStA)
Salzburger Landesarchiv (SLA)
Universitätsarchiv Salzburg (UAS)
Universitätsbibliothek Salzburg (UBS)

Salzburg ist anders Mühlberger Kurt und Thomas Maisel (Hg.): Aspekte der Bildungs- und Universitätsgeschichte 16. bis 19. Jahrhundert, Wien 1993 | Rüegg Walter (Hg.): Geschichte der Universität in Europa, 4 Bde., München 1993-2010 | Weber Wolfgang E. J.: Geschichte der europäischen Universität, Stuttgart 2002

Unterricht bei den Franziskanern Brandhuber Christoph und Oliver Ruggenthaler OFM: Wolf Dietrich und die Franziskaner – Ein Hofkloster für die Salzburger Residenz, in: Strategien der Macht. Hof und Residenz in Salzburg um 1600 – Architektur, Repräsentation und Verwaltung unter Fürsterzbischof Wolf Dietrich von Raitenau 1587 bis 1611/12, hg. von Gerhard Ammerer und Ingonda Hannesschläger, Salzburg 2011, S. 231-272, hier S. 259-260

Die rettende Idee Mezger Joseph, Franz und Paul: Historia Salisburgensis, hoc est: Vitae episcoporum et archiepiscoporum Salisburgensium nec non abbatum monasterii S.Petri, Salzburg 1692, S. 682-686 | Rainer Werner: Marcus Sitticus. Was sich in Regierung des hochwürdigsten Fürsten Marx Sittichen Denkwürdiges zugetragen, beschrieben durch Johannes Stainhauser, Salzburg 2012, S. 233-237 | Witek Franz: Gestalten der antiken Historie im lateinischen Drama der Salzburger Benediktineruniversität, Horn/Wien 2009, S. 53 (=Grazer Beiträge Supplementband XII)

Tour de Charme Gratz Reinhard, Peter Keller und Heidi Pinezits: Erzbischof Marcus Sitticus von Hohenems 1612-1619, Salzburg 2012 | Hermann Karl Friedrich: Die Gründung der alten Salzburger Universität (1617-ca.1635), Salzburg 1949 | Ritschel Karl Heinz: Salzburg. Anmut und Macht, Wien/Hamburg 1970, S. 230-241 | Wallentin Ingeborg: Der Salzburger Hofbaumeister Santino Solari (1576-1646). Leben und Werk aufgrund der historischen Quellen, in: MGSL 134 (1994), S. 191-310, hier S. 239-240, 286-288

Verhandlungserfolg Heinisch Reinhard Rudolf: Paris Graf Lodron. Reichsfürst und Erzbischof von Salzburg, Wien/München 1991, S. 106-119 | Putzer Peter: Die Gründung der Universität. Paris Archiepiscopus Salisburgensis Fundator, in: Erzbischof Paris Lodron (1619-1653). Staatsmann zwischen Krieg und Frieden, hg. von Peter Keller und Johannes Neuhardt, Salzburg 2003, S. 33-39

Geleitschutz Bstieler Stephan: Biographische Notizen zu den in der Salzburger Residenz tätigen Stuckateuren 1668-1803, in: Zentrum der Macht. Die Salzburger Residenz 1668-1803, hg. von Roswitha Juffinger, Salzburg 2011, S. 128-151, hier S. 129-133 | Burzer Katja: San Carlo Borromeo. Konstruktion und Inszenierung eines Heiligenbildes im Spannungsfeld zwischen Mailand und Rom, Berlin/München 2011

Gut behütet? UAS, A 30.4 | Thaler Manfred Josef: Das Salzburger Domkapitel in der Frühen Neuzeit (1514 bis 1806), Frankfurt am Main 2011, S. 164-166

Hoheitszeichen Martin Franz: Die Salzburger Universitätsszepter. Zum 300jährigen Jubiläum der Salzburger Universität, in: MGSL 63 (1923), S. 4-15, hier S. 11

Machtsymbol Putzer Peter: Causa finita. Eine zeitgeschichtliche Untersuchung zu den Salzburger Universitätsszeptern, in: Im Dienst von Kirche und Staat, Gedenkschrift für Carl Holböck, Salzburg 1984, S. 347-364 | Putzer Peter: Sceptra Universitatis Salisburgensis. Die Salzburger Universitätsszepter als Geschichts-, Kunst- und Rechtsdenkmäler, in: MGSL 125 (1985), S. 747-774 | Putzer Peter: Sceptra Universitatis Salisburgensis (Ein Nachtrag), in: MGSL 129 (1989), S. 217-226 | Putzer Peter: Sceptra Universitatis Salisburgensis (Noch ein Nachtrag und zugleich ein Denkanstoß), in: MGSL 138 (1999), S. 619-624

Angewandte Kunst BFS 59/229 | Brandhuber Christoph: CAESARE DUCE. Zur Ikonographie des Caesar-Zyklus in der Residenzgalerie Salzburg, in: Residenzgalerie Salzburg. Gesamtverzeichnis der Gemälde, hg. von Roswitha Juffinger, Salzburg 2010, S. 400-433

Meister ihres Fachs UAS, A 7.23 | Endres Joseph: Frobenius Forster, Fürstabt von St. Emmeram in Regensburg. Ein Beitrag zur Litteratur- und Ordensgeschichte des 18. Jahrhunderts, Freiburg im Breisgau 1900 | Kellner Altman: Profeßbuch des Stiftes Kremsmünster, Klagenfurt 1968, S. 330-331 | Sattler Magnus: Collectaneen-Blätter zur Geschichte der ehemaligen Benedictiner-Universität Salzburg, Kempten 1890, S. 207-209, 237-245, 293-294, 410-413

Der Kalenderstreit UAS, A 37.8-17

Public Relations www.uni-salzburg.at/pr (21.8.2012)

Die Matrikelbücher UAS, bA 1 | Redlich Virgil: Die Matrikel der Universität Salzburg 1639-1810, Salzburg 1933

Klassiker-Kanon UAS, bA 154 | Witek Franz: Gestalten der antiken Historie im lateinischen Drama der Salzburger Benediktineruniversität, Horn/Wien 2009, S. 50-51 (=Grazer Beiträge Supplementband XII)

Verbale Beurteilung UAS, bA 4-9 | Kolb Aegidius: Streiflichter aus der alten Universität, in: MGSL 118 (1978), S. 173-184
Philosophie für alle! UAS, bA 150-152
Geschichte und Ethik Mühlböck Annemarie: Die Pflege der Geschichte an der alten Universität Salzburg, Salzburg/Wien 1973 (=Veröffentlichungen des Historischen Instituts 6)
Die Moral von der Geschichte' Brandhuber Christoph: CAESARE DUCE. Zur Ikonographie des Caesar-Zyklus in der Residenzgalerie Salzburg, in: Residenzgalerie Salzburg. Gesamtverzeichnis der Gemälde, hg. von Roswitha Juffinger, Salzburg 2010, S. 400-433, hier S. 407-409
Barockjuwel Tietze Hans und Franz Martin: Die kirchlichen Denkmale der Stadt Salzburg (mit Ausnahme von Nonnberg und St. Peter), Wien 1912, S. 235-256 (=Österreichische Kunsttopographie, BD. IX) | Martin Franz: Salzburgs Fürsten in der Barockzeit, Salzburg ⁴1982, S. 155-156
Orte der Einkehr UAS, A 34-35 | Hermann Friedrich: Maria Plain – Geschichte und Leben, in: Maria Plain 1674-1974. Festschrift, Ottobeuren 1974, S. 17-161 | Sattler Magnus: Collectaneen-Blätter zur Geschichte der ehemaligen Benedictiner-Universität Salzburg, Kempten 1890, S. 367-410
Rokokokarriere ASP, Hs. A 65: Protocollum et diarium Bedae Abbatis, Tomus I | Eder Petrus: Art. Seeauer Beda, in: Salzburger Mozart Lexikon, Bad Honnef 2005, S. 439-440 | Lindner Pirmin: Professbuch der Benediktiner-Abtei St. Peter in Salzburg (1419-1856), Salzburg 1906, S. 141-152 | Walterskirchen Gerhard: Die große Orgel der Stiftskirche St. Peter zur Zeit Mozarts und Haydns, in: Das Benediktinerstift St. Peter in Salzburg zur Zeit Mozarts. Musik und Musiker – Kunst und Kultur, S. 127-134
Am Pranger Daser Florian: Der Sycophanten-Streit, Salzburg 1896 | Fingerlos Matthäus: Ueber öffentliche Lehranstalten insbesondere über Lektionskataloge auf Universitäten, Germanien 1798 | Frisch Ernst von: Das Salzburger Abenteuer des Buchhändlers Palm, in: Salzburger Volksblatt 61 (1931), S. 35-36 | Laglstorfer Johann: Der Salzburger Sykophantenstreit um 1740, Salzburg 1970 | Sattler Magnus: Collectaneen-Blätter zur Geschichte der ehemaligen Benedictiner-Universität Salzburg, Kempten 1890, S. 338-358 | Linzen Karl: Glühen und Sterben. Geschichte des deutschen Buchhändlers und Patrioten Johann Philipp Palm in Aufzeichnungen und Briefen, Salzburg 1937 | Martin Franz: Salzburgs Fürsten in der Barockzeit, Salzburg ⁴1982, S. 181-182
Professorenplagen UAS, A 7.2 | Brandhuber Christoph: Streiflichter aus dem Alltagsleben der Stadt Salzburg (1654-1668), in: Fürsterzbischof Guidobald Graf von Thun 1654-1668: Ein Bauherr für die Zukunft, hg. von Roswitha Juffinger, Salzburg 2008, S. 165-204, hier S. 170-171
Ende der Benediktineruniversität UAS, bA 84 | Hermann Friedrich: Salzburgs hohe Schule zwischen den Volluniversitäten 1810-1962, in: SMGB 83 (1972), S. 357-602 | Hermann Karl Friedrich: Zepter im Trauerflor. Die letzten Jahrzehnte der alten Salzburger Benediktineruniversität und ihr Ende 1810, in: Universität Salzburg 1622-1962-1972, Festschrift, Salzburg 1972, S. 35-56 | Hoffmann Robert: Salzburgs Lycealstudenten im Vormärz. Soziale Struktur und politisches Verhalten, in: MGSL 122 (1982), S. 371-402 | Lehr Reinhard Walter: Die Neugestaltung des Unterrichtswesens im Salzachkreis während der bayerischen Herrschaft von 1810 bis 1816, iur. Diss., Salzburg 1987 | Ortner Franz: Die Universität in Salzburg: Die dramatischen Bemühungen um ihre Wiedererrichtung 1810-1962, Salzburg 1987
Blütenpracht mitten in der Stadt Gärtner Christiane: Der Botanische Garten in Salzburg, Salzburg 1978
Nationalsozialismus Hanisch Ernst: Gau der guten Nerven. Die nationalsozialistische Herrschaft in Salzburg 1938-1945, Salzburg/München 1997 | Kaindl-Hönig Max und Karl Heinz Ritschel: Die Salzburger Universität 1622-1964, Salzburg 1964, S. 172-174 | Kerschbaumer Gert: Faszination Drittes Reich. Kunst und Alltag der Kulturmetropole Salzburg, Salzburg 1988
Wiedergründung Kaindl-Hönig Max und Karl Heinz Ritschel: Die Salzburger Universität 1622-1964, Salzburg 1964, S. 159-186 | Ortner Franz: Die Universität in Salzburg: Die dramatischen Bemühungen um ihre Wiedererrichtung 1810-1962, Salzburg 1987 | Probst Benedikt und Stefan Rehrl: Die Wiederherstellung der Gesamtuniversität, in: Universität Salzburg 1622-1962-1972, Festschrift, Salzburg 1972, S. 223-232 | Wagner Hans: Die Geschichte der Universität Salzburg 1922-1962, in: Gedanke und Gestalt, Salzburg 1967, S. 26-27
Hoher Marktwert UAS, U 3 | Kolb Aegidius: Streiflichter aus der alten Universität, in: MGSL 118 (1978), S. 173-184, hier S. 181-182
Rosenkavalier UAS, PLUS, Philosophische Fakultät, Professoren, Wissenschaftliches Personal, Korrespondenz 1964-1968
Einreisebestimmungen ASP, Hs. A 55, fol. 81v: „1667 Hebt Er" (Abt Amand Pachler, ehem. Professor für Moraltheologie) „einen Türckhen in der Heyl: tauff, und verehrt ihme 2 Ducaten" | UAS, A 9.4 (30.9.1699; 7.11.1699; 25.5.1771) | Redlich Virgil: Die Matrikel der Universität Salzburg 1639-1810, Salzburg 1933 | Wagner Hans: Die Studenten an der alten Universität, in: Universität Salzburg 1622-1962-1972, Festschrift, Salzburg 1972, S. 67-84.
Sophie oder Philosophie? Boeckhn Placidus: Orationes academicae triginta et una, Salzburg 1745, S. 292-313 | Martin Franz: Ein Professor der alten Salzburger Universität über das Frauenstudium, in: Salzburger Hochschulalmanach 1934/35, S. 79-83
Die Prinzipalin Glaser Hans: Salzburgs Buchdrucker, in: MGSL 98 (1958), S. 149-198 | Süss Maria Vinzenz: Beiträge zur Geschichte der Typographie und des Buchhandels im vormaligen Erzstifte nun Herzogthume Salzburg, Salzburg 1845

Frauenquote UAS, FA CXXIV, Nationale der Theologischen Fakultät
Studentenunruhen Huemer Blasius: Ein Studentenstreik an der Salzburger Universität 1711, Salzburg 1917
Lass die Sau raus! Salzburger Volksblatt, Folge 112 (16.5.1970), S. 3
Hunde an die Leine! UAS, A 9.2 (Dekrete 19.4.1692; 19.5.1707; 1.10.1725; 23.3.1750)
Strenges Regiment UAS, A 9.1 (Dekrete 29.8.1698; 10.1.1703; 22.3.1704; 1784; 15.5.1801; 1802)
Wehe dem, der nicht lateinisch schwätzt! UAS, A 21.5-6 | Hirtner Gerald und Christoph Brandhuber: Zwischen Bastille und Benediktineruniversität. Rektor P. Corbinian Gärtner OSB von St. Peter in Salzburg (1751-1824), in: Studien und Mitteilungen zur Geschichte des Benediktinerordens und seiner Zweige 122 (2011), S. 369-479, hier S. 418-421
Studentenlegion UAS, A 19 | Kaindl-Hönig Max und Karl Heinz Ritschel: Die Salzburger Universität 1622-1964, Salzburg 1964, S. 45 | Sattler Magnus: Collectaneen-Blätter zur Geschichte der ehemaligen Benediktiner-Universität Salzburg, Kempten 1890, S. 71-73
Barocke Studienförderung Sattler Magnus: Collectaneen-Blätter zur Geschichte der ehemaligen Benedictiner-Universität Salzburg, Kempten 1890, S. 68 | Thaler Manfred Josef: Das Salzburger Domkapitel in der Frühen Neuzeit (1514 bis 1806), Frankfurt am Main 2011, S.364-366
Studentenwohnheim Kaindl-Hönig Max und Karl Heinz Ritschel: Die Salzburger Universität 1622-1964, Salzburg 1964, S. 205, Fn. 106
Der „Liebesbund" UAS, bA 130; A 31-33 | Sattler Magnus: Collectaneen-Blätter zur Geschichte der ehemaligen Benedictiner-Universität Salzburg, Kempten 1890, S. 113-114
Absolventen-Netzwerk Offizielle Homepage http://www.uni-salzburg.at/portal/page?_pageid=405,1&_dad=portal&_schema=PORTAL (20.8.2012)
Verbotene Liebe Brandhuber Christoph: Das Geschäft mit der Liebe, in: Fürsterzbischof Guidobald Graf von Thun 1654-1668: Ein Bauherr für die Zukunft, hg. von Roswitha Juffinger, Salzburg 2008, S. 185-187
Scharfe Sanktionen Brandhuber Christoph: „Omnia vincit amor" – Die Liebe siegt über alles: Liebesreigen im barocken Salzburg, in: Fürsterzbischof Guidobald Graf von Thun 1654-1668: Ein Bauherr für die Zukunft, hg. von Roswitha Juffinger, Salzburg 2008, S. 190-197, hier S. 193-197
Der galante Verführer Brandhuber Christoph: „Omnia vincit amor" – Die Liebe siegt über alles: Liebesreigen im barocken Salzburg, in: Fürsterzbischof Guidobald Graf von Thun 1654-1668: Ein Bauherr für die Zukunft, hg. von Roswitha Juffinger, Salzburg 2008, S. 190-197, hier S. 191-192
Studieren mit Kind Kanotscher, Melanie und Stefan: Studieren mit Kindern an der Universität Salzburg: eine qualitative Untersuchung von Motiven und Einstellungen der Studierenden mit Kindern, Salzburg 2011
Studentenfutter www.mensen.at (20.8.2012)
Ein Starkoch für die Universität Brandhuber Christoph, Beatrix Koll und Diana McCoy: Kochkunst und Esskultur im barocken Salzburg, hg. von Ursula Schachl-Raber, Salzburg 2010, S. 147-154
Die Ewige Senatssitzung Sallaberger Johann: „Ewige Sitzung" der Fakultäten, in: Salzburger Volksblatt vom 31.10.1969, S. 11
Der vergoldete Erzbischof Martin Franz: Salzburgs Fürsten in der Barockzeit, Salzburg ⁴1982, S. 186-188, 207
Mehr als reines Faktenwissen UAS, bA 99-119 | UBS, R 1956 III | Putzer Peter: Aspekte der Wissenschaftspflege an der alten Salzburger Juristenfakultät, in: Universität Salzburg 1622-1962-1972, Festschrift, Salzburg 1972, S. 121-163 | Sattler Magnus: Collectaneen-Blätter zur Geschichte der ehemaligen Benedictiner-Universität Salzburg, Kempten 1890, S. 298-300
Gelehrte Brüder Lindner Pirmin: Professbuch der Benediktiner-Abtei St. Peter in Salzburg (1419-1856), Salzburg 1906, S. 53-68 | Tietze Hans (Bearb.): Die Denkmale des Benediktiner-Stiftes St. Peter in Salzburg, Wien 1913, S. CXVII-CXIX, S. 48 (=Österreichische Kunsttopographie, Bd. XII) | Wagner Franz: Ferdinand Sigmund Amende, Meßkelch mit Patene (sog. Mezgerkelch), in: Das älteste Kloster im deutschen Sprachraum: St. Peter in Salzburg, hg. von Heinz Dopsch und Roswitha Juffinger, Salzburg 1982, S. 386-387
Oh Maria hilf! Hahnl Adolf: Die Aula Academica der Alma Mater Paridiana zu Salzburg. Studien zur Baugestalt, in: Studien und Mitteilungen zur Geschichte des Benediktinerordens und seiner Zweige 83 (1972), S. 717-754 | Rinnerthaler Alfred: Von der barocken Benediktiner- zur Staatsuniversität, in: Bürgerliche Freiheit und Christliche Verantwortung, Festschrift für Christoph Link zum 70. Geburtstag, hg. von Heinrich de Wall und Michael Germann, S. 787-826, hier S. 802-803 | Tietze Hans und Franz Martin: Die kirchlichen Denkmale der Stadt Salzburg (mit Ausnahme von Nonnberg und St. Peter), Wien 1912, S. 235-256 (=Österreichische Kunsttopographie, BD. IX)
Erste Hilfe SLA, Adelsselekt Helmreich 12: Meiner Khinter geburt biechl so geschrieben durch mich Magdalena Helmreichin geborene Eggerin 1658 Jar, p. 18 | UAS, A 15, A 56.23; 58.17 | Weiß Alfred Stefan: Salzburger Medizin um 1800 – Der Arzt Dr. Johann Jakob Hartenkeil (1761-1808), sein Leben und Wirken in der Stadt Salzburg, in: MGSL 148 (2008), S. 105-146 | Wölkart Norbert: Zur Geschichte der Medizin in Salzburg, in: Universität Salzburg 1622-1962-1972, Festschrift, Salzburg 1972, S. 165-171
Selbstverteidigung UAS, bA 153 | Appuhn-Radtke Sibylle: Das Thesenblatt im Hochbarock: Studien zu einer graphischen Gattung am Beispiel der Werke Bartholomäus Kilians, Weißenhorn 1988 | Telesko Werner: Thesenblätter österreichischer Universitäten, Salzburg 1996

Wie der Blitz! UAS, bA 2, fol. 223r; bA 86, fol. 361r | Benz Ernst: Theologie der Elektrizität. Zur Begegnung und Auseinandersetzung von Theologie und Naturwissenschaft im 17. und 18. Jahrhundert, Mainz/Wiesbaden 1970

Madame Tussauds Hahnl Adolf, Hannelore und Rudolph Angermüller (Bearb.): Abt Dominikus Hagenauer (1746-1811) von St. Peter in Salzburg. Tagebücher 1786-1810, Bd. 1, S. 261-261

Hoch hinaus Kraus Peter (Red.): Festschrift zum 250. Geburtstag von Pater Ulrich Schiegg OSB, Ottobeuren 2002 | Sattler Magnus: Collectaneen-Blätter zur Geschichte der ehemaligen Benedictiner-Universität Salzburg, Kempten 1890, S. 646-650

Blick in die Sterne Brandhuber Christoph: Der Tod in den Sternen – Wolf Dietrich zwischen Verheißung und Erfüllung, in: Strategien der Macht. Hof und Residenz in Salzburg um 1600 – Architektur, Repräsentation und Verwaltung unter Fürsterzbischof Wolf Dietrich von Raitenau 1587 bis 1611/12, hg. von Gerhard Ammerer und Ingonda Hannesschläger, Salzburg 2011, S. 273-298 | Gruber Maria: Die Mathematik in Österreich im 17. Jahrhundert anhand der Biographien zweier Benediktiner, Wien 1996 | Sattler Magnus: Collectaneen-Blätter zur Geschichte der ehemaligen Benedictiner-Universität Salzburg, Kempten 1890, S. 308-309

Laterna magica Desing Anselm: Kürtziste Universal-Historie nach der Geographia auf der Land-Karte zu erlernen, Kempten 1731, S. 7 | Kraml Amand: Anselm Desing und das Benediktinerstift Kremsmünster, in: Anselm Desing (1699-1772). Ein benediktinischer Universalgelehrter im Zeitalter der Aufklärung, Kallmünz 1999, S. 64-79 und S. 391-397 | Sattler Magnus: Collectaneen-Blätter zur Geschichte der ehemaligen Benedictiner-Universität Salzburg, Kempten 1890, S. 317-327

Dabei sein ist alles Hirtner Gerald und Christoph Brandhuber: Zwischen Bastille und Benediktineruniversität. Rektor P. Corbinian Gärtner OSB von St. Peter in Salzburg (1751-1824), in: Studien und Mitteilungen zur Geschichte des Benediktinerordens und seiner Zweige 122 (2011), S. 369-479

Notplan Brandhuber Christoph und Roswitha Juffinger: Der Fürst und seine Bauten, in: Fürsterzbischof Guidobald Graf von Thun 1654-1668: Ein Bauherr für die Zukunft, hg. von Roswitha Juffinger, Salzburg 2008, S. 89-116, hier S. 91-100 | Eder Petrus: Abt Amand Pachler OSB: Rechenschaftsbericht über den Neubau zu St. Peter in Salzburg in den Jahren 1657 bis 1661, in: Heinrich Franz Biber 1644-1704. Musik und Kultur im hochbarocken Salzburg, Studien und Quellen, hg. von Petrus Eder und Ernst Hintermaier, Salzburg 1994, S. 110-139 | Hahnl Adolf: Der hochbarocke Neubau des Klosters St. Peter unter den Äbten Amand Pachler und Edmund Sinnhuber, in: Heinrich Franz Biber 1644-1704. Musik und Kultur im hochbarocken Salzburg, Studien und Quellen, hg. von Petrus Eder und Ernst Hintermaier, Salzburg 1994, S. 94-109

Unruh-Stifter UAS, A 7.22 | Husty Peter: Pater Bernard Stuart (1706-1755): ein Salzburger Hofarchitekt und die Aufgaben seiner Zeit, Salzburg 1989 | Martin Franz: Salzburgs Fürsten in der Barockzeit, Salzburg ⁴1982, S. 186-188 | Sattler Magnus: Collectaneen-Blätter zur Geschichte der ehemaligen Benedictiner-Universität Salzburg, Kempten 1890, S. 313 | Wagner Franz (Red.): Barockberichte 10, Salzburg 1995

Die Welt in Salzburg Gottas Heide: Baugeschichte – Garagenstreit – Bauwerk. „Vom Palazzo Pitti" zum modernen Universitätshaus, in: Baudokumentation Universität und Ersatzbauten, Bd. 10: Institutsgebäude für Gesellschaftswissenschaften, S. 29-39 | Holzbauer Wilhelm: Die Magie des Ortes. Die Architektur des Neubaus der Naturwissenschaftlichen Fakultät der Universität Salzburg, in: Die Naturwissenschaftliche Fakultät der Universität Salzburg, Salzburg/Wien 1986, S. 23-32 | Spahr Gebhard: Weingarten und die Benediktiner-Universität Salzburg, in: Weingarten 1056-1956. Festschrift zur 900-Jahr-Feier des Klosters, Weingarten 1956, S. 106-136, hier S. 115

Keine Sauregurkenzeit für die Kunst Aichhorn Ulrike: Universitätsstadt Salzburg. Von der Benediktineruniversität zum UNIPARK, Salzburg/Wien 2011

Rechenmeister Gruber Maria: Der erste mechanische Taschenrechner, P. Aegid Everards Raptologia Neperiana, in: Berichte des Anselm Desing Vereins 35 (1997), S. 5-14 | Gruber Maria: Die Mathematik in Österreich im 17. Jahrhundert anhand der Biographien zweier Benediktiner, Wien 1996 | Kellner Altman: Profeßbuch des Stiftes Kremsmünster, Klagenfurt 1968, S. 210-211

Kunstsinn Brandhuber Christoph: Johann Rudolph Graf Czernin von Chudenitz. Ein Leben für die Künste, in: Residenzgalerie Salzburg. Gesamtverzeichnis der Gemälde, hg. von Roswitha Juffinger, Salzburg 2010, S. 434-459 | Brandhuber Christoph: Kunstverstand und Kennerblick: Johann Rudolph Graf Czernin von Chudenitz (1757-1845), in: Vermeer. Die Malkunst. Spurensicherung an einem Meisterwerk, hg. von Sabine Haag, Elke Oberthaler und Sabine Pénot, Wien 2010, S. 66-69 | Juffinger Roswitha: Counts Czernin von Chudenitz and Lamberg-Sprinzenstein, Two Illustrious Viennese Collectors: Notes for New Research, in: La circulation des œuvres d'art 1789–1848, hg. von Roberta Panzanelli und Monica Preti-Hamard, Rennes 2007, S. 117-123 | Juffinger Roswitha: Die Grafen Czernin und deren Gemäldesammlungen in Prag und Wien, in: Sammeln als Institution. Von der fürstlichen Wunderkammer zum Mäzenatentum des Staates, hg. von Barbara Marx und Karl-Siegbert Rehberg, München/Berlin 2006, S. 163-172

En vogue UAS, bA 5, fol. 141v, 192v, 247v, 201v, 372r | Nowak L.: Der Marktrichter von Hallstatt, in: Welt und Heimat, Illustrierte Beilage zur Linzer „Tages-Post", 3. Jg.,

Nr. 31 vom 31.7.1937, S. 7 | Rüling Eugen: Die Seeauer. Geschichte und Genealogie einer oberösterreichischen Familie, Ebendorf 2010, S. 41-42

Der Teufelsschatz PFH, Codex 850 | UAS, A 53.121

Späte Reue Pfarrarchiv Hallstatt, Totenbuch 1607-1675, fol. 69v: [15.10.1667] „Ist Ihr gestr. Hr. Christoff von Eyßelsperg in Gott endtschlaffen." | ÖStA, AVA, Adelsbestätigung, Wappenbesserung und Ratstitel für Christoph von Eyßelsberg (Wien, 18.10.1665) | UAS, bA 1, fol. 132v (27.10.1679) | Morton Friedrich: Hallstatt. Die letzten einhundertfünfzig Jahre des Bergmannsortes, Innsbruck 1954, S. 18-21

Bretter, die die Welt bedeuten Boberski Heiner: Das Theater der Benediktiner an der alten Universität Salzburg (1617-1778), Wien 1978 | Rainer Werner: „Princeps uersus in Vniuersitatem – Erzbischof Hieronymus Colloredo und das Universitätstheater, in: MGSL 143 (2003), S. 81-126 | Witek Franz: Der Prophet Daniel bei den „Musae Benedictinae", in: Auf eigenem Terrain – Beiträge zur Salzburger Musikgeschichte, Festschrift Gerhard Walterskirchen, hg. von Andrea Lindmayr-Brandl und Thomas Hochradner, Salzburg 2004, S. 307-337 | Witek Franz: Gestalten der antiken Historie im lateinischen Drama der Salzburger Benediktineruniversität, Horn/Wien 2009 (=Grazer Beiträge Supplementband XII)

Ein erster Salzburger Jedermann Brandhuber Christoph und Franz Witek: Der erste Salzburger Jedermann, in: Grazer Beiträge 27 (2010), S. 91-129

Publikumsliebling Boberski Heiner: Das Theater der Benediktiner an der alten Universität Salzburg (1617-1778), Wien 1978, S. 57-58 | Brandhuber Christoph und Franz Witek: Der erste Salzburger Jedermann, in: Das Große Welttheater. 90 Jahre Salzburger Festspiele, hg. von Helga Rabl-Stadler, Salzburg 2010, S. 46–49

Begabtenförderung Rainer Werner: „Die" Adlgassers, Druck in Vorbereitung | Rainer Werner: „Princeps uersus in Vniuersitatem – Erzbischof Hieronymus Colloredo und das Universitätstheater, in: MGSL 143 (2003), S. 81-126, hier S. 96-97 | Sattler Magnus: Collectaneen-Blätter zur Geschichte der ehemaligen Benedictiner-Universität Salzburg, Kempten 1890, S. 112-113 | Walterskirchen Gerhard: Art. Kapellhaus (Kapellknaben), in: Salzburger Mozart Lexikon, Bad Honnef 2005, S. 211-213

Berühmter Studienabbrecher UAS, bA 2, fol 256r; bA 81, p. 277; bA 90, p. 277; bA 150, fol. 116r | Heinisch Reinhard Rudolf: Art. Universität Salzburg, in: Salzburger Mozart Lexikon, Bad Honnef 2005, S. 503-507

Das Pianoduell Haider-Dechant Margit: Joseph Woelfl, Verzeichnis seiner Werke, Wien 2011, S. XVIII-XL

Welthit Bayr Rudolf: Stille Nacht, heilige Nacht. Das Buch zum Weihnachtslied, Salzburg 1962 | Lämmermeyer Herbert: Stille Nacht, heilige Nacht. Wege, Stationen, Erinnerungen 1818-2008, Oberndorf 2008 | Pichler Arnold: Stille Nacht, heilige Nacht. 190 Jahre Text von Joseph Mohr, Mariapfarr 2006 | Spies Hermann: Über Joseph Mohr, den Dichter von „Stille Nacht, heilige Nacht", in: MGSL 84/85 (1944/1945), S. 122-141 | Stockinger Josef: Joseph Mohr, der Dichter des Weihnachtsliedes „Stille Nacht" und seine Studienzeit in Salzburg, in: Jahresbericht des Akademischen Gymnasiums Salzburg 13 (1968/69), S. 15-25

Einkaufsliste UAS, bA18; UBS M I 60 | Aichhorn Ulrike: Universitätsstadt Salzburg. Von der Benediktineruniversität zum UNIPARK, Salzburg/Wien 2011, S. 36-37 | Hammerle Alois Joseph: Die Salzburger k. k. öffentliche Studien-Bibliothek in historisch-statistischer Beziehung, Salzburg 1889, S. 2 | Sedlmayr Roman: Historia almae et archi-episcopalis Universitatis Salisburgensis sub cura PP. Benedictinorum, Bondorf 1728, S. 107-108

Der Bücher-Coup OÖLA, Stiftsarchiv Garsten, Aktenbd. 316, Nr. 10: Lebensbeschreibung des Abtes Roman von Seeon | UAS, bA 123, fol. 39r | Gilly Carlos: Die Büchersammlung Christoph Besolds, in: Fürsterzbischof Wolf Dietrich von Raitenau. Gründer des barocken Salzburg, Salzburg 1987, S. 281-283 | Roth Hans: Die Seeoner Äbte vom 16. Jahrhundert bis zur Säkularisation des Klosters 1803, in: Kloster Seeon. Beiträge zu Geschichte, Kunst und Kultur der ehemaligen Benediktinerabtei, hg. von Hans von Malottki, Weißenhorn 1993, S. 139-140 | Spahr Gebhard: Weingarten und die Benediktiner-Universität Salzburg, in: Weingarten 1056-1956. Festschrift zur 900-Jahr-Feier des Klosters, Weingarten 1956, S. 106-136, hier S. 114

Sponsoring Hammerle Alois Joseph: Die Salzburger k. k. öffentliche Studien-Bibliothek in historisch-statistischer Beziehung, Salzburg 1889, S. 7-9

Büchernarr UBS, G 520-521 I; R 62.524 I; 64.738 I; 72.172 I; 73.497 I | Vierthaler Franz Michael: Reisen durch Salzburg, Salzburg 1799, S. 99-136 | Weidenholzer Thomas: Bibliotheken. Über Sakrales, Arkanes, Aufgeklärtes und das Lesen, in: Rathaus, Kirche, Wirt. Öffentliche Räume in der Stadt Salzburg, hg. von Gerhard Ammerer und Thomas Weidenholzer, Salzburg 2009, S. 193-210, hier S.194-195

Bücherzwerg UBS, 8.725 I; R 15.399 II; R 72.224 I | Bauer Günther Georg: Der Hochfürstliche Salzburger Hof- und Kammerzwerg Johann Franz von Meichelböck (1695-1746), in: MGSL 129 (1989), S. 227-294 | Brandhuber Christoph: „Recreatio principis" – Fürsterzbischof Franz Anton Fürst von Harrach und seine Retirade, in: Die Salzburger Residenz 1587-1727. Vision und Realität, hg. von Roswitha Juffinger, Wien/Horn 2009, S. 118-125 (=ÖZKD, LXIII, 2009, Heft 1/2)

Globetrotter Martin Franz: Zur Lebensgeschichte des Salzburger Kartographen Josef Fürstaller, in: MGSL 91 (1951), S. 124-131

Die entführte Päpstin ÖNB, Cod. 3447 | UBS, M III 36 | Gärtner Corbinian: Salzburgische gelehrte Unterhaltungen, Salzburg 1812, S. 5 / Jungreithmayr Anna: Die deutschen Handschriften des Mittelalters der Universitätsbibliothek Salzburg, Wien 1988, S. 211-213 | Koll Beatrix: Planetenkinder - Artes liberales, http://www.ubs.sbg.ac.at/sosa/handschriften/MIII36.htm (21.8.2012) | Ostermann Johann: Tabellarische Aufstellung von Büchern, Kunstgegenständen und Waffen, die dem Land Salzburg von 1800 bis 1835 durch Requirierung oder Verkauf verloren gegangen sind, in: Die Alpenländer zur Zeit Napoleons, Innsbruck 1985, S. 89-114 | Zaisberger Friederike: Salzburg in napoleonischer Zeit und die Verschleppung seiner Kunstschätze, in: Die Alpenländer zur Zeit Napoleons, Innsbruck 1985, S. 82-88

Fort Knox UBS M III 20 | Jungreithmayr Anna: Die deutschen Handschriften des Mittelalters der Universitätsbibliothek Salzburg, Wien 1988, S. 210-211 | Koll Beatrix: Wenzelspsalter, http://www.ubs.sbg.ac.at/sosa/bdm/bdm0210.htm (21.8.2012).

Das Weltbild eines Kirchenfürsten Brandhuber Christoph und Oliver Ruggenthaler OFM: Das Weltbild eines Kirchenfürsten im Spiegel des Bildprogramms der „Dietrichsruh" – Wolf Dietrichs verlorenes Paradies, in: Zentrum der Macht. Die Kunstsammlungen der Salzburger Fürsterzbischöfe: Gemälde / Graphik / Kunstgewerbe, hg. von Roswitha Juffinger, Salzburg 2011, S. 394-509

Das Geheimnis von La Rochelle Brandhuber Christoph und Roswitha Juffinger: Faszination Stadt. Rekonstruktionsversuch des Klebebands der Städtebilder in der Universitätsbibliothek Salzburg, in: Zentrum der Macht. Die Kunstsammlungen der Salzburger Fürsterzbischöfe: Gemälde / Graphik / Kunstgewerbe, hg. von Roswitha Juffinger, Salzburg 2011, S. 510-535 | Frisch Ernst von: Wolf Dietrich von Salzburg im Lichte seiner Kunstsammlung, Salzburg 1949

Der Perlenfischer Brandhuber Christoph und Oliver Ruggenthaler OFM: Das Weltbild eines Kirchenfürsten im Spiegel des Bildprogramms der „Dietrichsruh" – Wolf Dietrichs verlorenes Paradies, in: Zentrum der Macht. Die Kunstsammlungen der Salzburger Fürsterzbischöfe: Gemälde / Graphik / Kunstgewerbe, hg. von Roswitha Juffinger, Salzburg 2011, S. 394-509, hier S. 396-413

Das verlorene Paradies Brandhuber Christoph und Oliver Ruggenthaler OFM: Das Weltbild eines Kirchenfürsten im Spiegel des Bildprogramms der „Dietrichsruh" – Wolf Dietrichs verlorenes Paradies, in: Zentrum der Macht. Die Kunstsammlungen der Salzburger Fürsterzbischöfe: Gemälde / Graphik / Kunstgewerbe, hg. von Roswitha Juffinger, Salzburg 2011, S. 394-509, hier S. 476-479 | Mason Stefania: Le „Paradis" de Palma le Jeune: la „fortune" d'un exclu, in: Jean Habert und Lucia Marabini (Hg.): Le „Paradis" de Tintoret. Un concours pour le palais des Doges, Paris 2006, S. 74-87 | Mason Rinaldi Stefania: Palma il Giovane. L'opera completa, Mailand 1984

Malerakademie Brandhuber Christoph: Colloredos Malerakademie und die Graphiksammlung der Universitätsbibliothek Salzburg, in: Zentrum der Macht. Die Kunstsammlungen der Salzburger Fürsterzbischöfe: Gemälde / Graphik / Kunstgewerbe, hg. von Roswitha Juffinger, Salzburg 2011, S. 650-669 | Wagner Karl: Zur Geschichte der Schulverbesserung in Salzburg unter Erzbischof Hieronymus Colloredo, in: MGSL 55 (1915), S. 151-222 | Weiß Alfred Stefan: Die Schulsituation in der Stadt Salzburg am Ausgang des 18. Jahrhunderts – Reformbestrebungen als Auswirkung der Aufklärung, in: Salzburg-Archiv 12 (1991), S. 221-246

Talentschmiede Brandhuber Christoph: Colloredos Malerakademie und die Graphiksammlung der Universitätsbibliothek Salzburg, in: Zentrum der Macht. Die Kunstsammlungen der Salzburger Fürsterzbischöfe: Gemälde / Graphik / Kunstgewerbe, hg. von Roswitha Juffinger, Salzburg 2011, S. 650-669

Kein Geld für Marie Antoinette! UBS, Direktionsakten 1932, 1935, 1937 | Kerschbaumer Gert: Stefan Zweig. Der fliegende Salzburger, Frankfurt am Main 2005 | Schachl-Raber Ursula, Helga Embacher, Andreas Schmoller und Irmgard Lahner (Hg.): Buchraub in Salzburg. Bibliotheks- und NS-Provenienzforschung an der Universitätsbibliothek Salzburg, Salzburg 2012

Genius loci Heger Norbert: Bronzestatuette eines Genius loci aus Salzburg, in: Salzburger Museum Carolino Augusteum, Jahresschrift 15 (1969), S. 81-86 | Moosleitner Fritz: Archäologische Untersuchungen in der Universität: Studiengebäude – Theologische Fakultät und Universitätsbibliothek, hg. von Amt der Salzburger Landesregierung, Salzburg 1982, S. 13-16

Abenteuer im Kopf Juffinger Roswitha: Die „Galerie der Landkarten" in der Salzburger Residenz, in: Barockberichte 5/6 (1992), S. 164-167 | Roemer Lisa: Rom in Salzburg. Ein Beitrag zur Landkartengalerie der Salzburger Residenz, in: Die Salzburger Residenz 1587-1727. Vision und Realität, hg. von Roswitha Juffinger, Wien/Horn 2009, S. 94-117 (=ÖZKD, LXIII, 2009, Heft 1/2) | Roemer Lisa: Die Landkartengalerie des Fürsterzbischofs Wolf Dietrich von Raitenau in der Salzburger Residenz, in: Höfe und Residenzen geistlicher Fürsten, hg. von Gerhard Ammerer, Ingonda Hannesschläger, Jan Paul Niederkorn und Wolfgang Wüst, Ostfildern 2010, S. 429-444 | Roemer Lisa: Die Salzburger Landkartengalerie – Ein Katalog der Wandmalereien, in: Strategien der Macht. Hof und Residenz in Salzburg um 1600 – Architektur, Repräsentation und Verwaltung unter Fürstbischof Wolf Dietrich von Raitenau 1587 bis 1611/12, hg. von Gerhard Ammerer und Ingonda Hannesschläger, Salzburg 2011, S. 485–566

Bibliothek für alle www.uni-salzburg.at/bibliothek

Das digitale Zeitalter http://www.uni-salzburg.at/portal/page?_pageid=147,89386&_dad=portal&_schema=PORTAL

Wir danken für die Unterstützung
Archiv der Franziskanerprovinz Austria
Oliver Ruggenthaler OFM, Pascal Hollaus OFM
Büro der Landeshauptfrau, Chiemseehof, Salzburg
Richard Makovicka
Stift Kremsmünster
Amand Kraml OSB, Altman Pötsch OSB,
Petrus Schuster OSB, Klaudius Wintz OSB
Landesarchiv Salzburg
Oskar Dohle, Alexander Rochmann
Lauffen: Illuminata Blümelhuber SCSC, Richard Czurylo
Anton-Bruckner-Privatuniversität Linz
Margit Haider-Dechant
Benediktinerabtei Michaelbeuern
Michael Eppenschwandtner OSB
Graf Harrach'sche Familiensammlung, Schloss Rohrau
Thomas Schaupper
Residenz Salzburg: Theobald Seyffertitz
Residenzgalerie Salzburg
Roswitha Juffinger, Thomas Habersatter
Salzburg Museum
Erhard Koppensteiner, Werner Friepesz
Erzabtei St. Peter
Korbinian Birnbacher OSB, Virgil Steindlmüller OSB,
Gerald Hirtner, Sonja Führer, Wolfgang Wanko / **Maria Plain:** Rupert Schindlauer OSB, Gerhard Hofinger OSB
Kloster Seeon, Kultur- und Bildungszentrum des Bezirks Oberbayern: Susanne Schubert
Universität Salzburg
Robert Kleindienst, Josef Leyrer, Renate Prochno,
Franz Witek / **Zentrale Wirtschaftsdienste:** Fabian Katsch, Manfred Steinlechner, Rainer Wintzi
Universitätsbibliothek Salzburg
Beatrix Koll, Irmgard Lahner, Diana McCoy,
Maria Oberascher, Rosa Hutya
Universitätskirche: Erwin Neumayer
Privatpersonen
Karl Forstner, Werner Rainer, Walter Schlegel,
Imma Walderdorff, Doris und Uli Werner

Bildnachweis
Alle Fotos von Hubert Auer, Universität Salzburg,
Fachbereich Kunst-, Musik- und Tanzwissenschaft.
Archiv der Erzabtei St. Peter (Gerald Hirtner): 102
Archiv der Stadt Salzburg, Sammlung Krieger: 49
Salzburg Museum: 23, 30/31, 39, 46, 66, 121, 123, 128
Universitätsbibliothek Salzburg (Beatrix Koll): 8, 9, 34, 35, 52/53, 55, 65, 130/131, 145, 146, 150, 151, 152, 155
Universität Salzburg, Alumni Club: 71
Deutsches Historisches Museum, Berlin: 140
Konrad Rainer: 10

Impressum
Alle Rechte vorbehalten. Kein Teil dieser Publikation darf in irgendeiner Form oder in irgendeinem Medium reproduziert oder verwendet werden, weder in technischen noch in elektronischen Medien, eingeschlossen Fotokopien und digitale Bearbeitung, Speicherung etc.

Bibliografische Information der Deutschen Nationalbibliothek
Die Deutsche Nationalbibliothek vezeichnet die Publikation in der Deutschen Nationalbibliografie; detaillierte bibliografische Daten sind im Internet über http://dnb.ddb.de abrufbar.

© 2012 müry salzmann
Salzburg – Wien, Austria

Umschlagbild: Kardinalshut des hl. Karl Borromäus,
Salzburg, Universitätskirche
Buchkonzept und grafische Gestaltung:
Müry Salzmann Verlag
Lektorat: Silke Dürnberger und Irmgard Lahner
Druck: Theiss, St. Stefan im Lavanttal

ISBN 978-3-99014-068-0
www.muerysalzmann.at